相続コンサルの奥義

5人の相続対策専門士 著

プラチナ出版

プロローグ

皆さん、はじめまして。

『相続コンサルの奥義』を、手にとっていただきまして、誠にありがとうございます。

皆さんは、相続対策を検討する時に、どのような専門家に相談しようかと考えますか？　税理士・弁護士・司法書士・行政書士といった専門家ではないでしょうか？

次に、皆さんの財産の中で最も高額で判断が困難な財産は何でしょうか？　きっと不動産ではないでしょうか？

本来、相続の対策を講じるには、不動産のプロがコンサルティングしなければ、適正な判断ができないはずです。しかし、不動産業者の努力不足もあり、不動産のプロが相続のコンサルティングをする事例が多くなかったのが実態でしたし、不動産業者に相続の相談をすることに、一抹の不安を抱く方も、多くいらっしゃるのではないでしょうか。

財産の過半を占める不動産の有効な利活用の提案を行え、かつ相続対策にまで精通する専門家が少ないという、社会的課題の解消を目的として、公益財団法人　不動産流通推進センターが、『公認　不動産コンサルティングマスター相続対策専門士』（以下「相続対策専門士」）という資格を誕生させました。

全国で、わずか560人（2017年10月現在）程度しか取得者のいない、相続対策専門士の資格を、『相続コンサルの奥義』の著者全員が、取得しています。

本書は、著者自身が、さまざまな相続対策を実行責任まで負って遂行した実話に基づいて、書かれています。

できる限り、皆さんに理解しやすく構成したつもりではありますが、もしご不明点や不適切な内容がございましたら、各著者へご連絡いただければ幸いです。

また、この本を通じて、皆さまの相続対策が少しでも良い結果となることを心から願っております。

5人の公認　不動産コンサルティングマスター相続対策専門士より

目次

▼其の一
等価交換事例と合同分割協議事例
堀田　直宏

其の三 相続不動産対策にはプロフェッショナルチームが必要です

佐藤 良久

其の四　失敗事例から見る「相続対策心得　18箇条」

川口 博之

其の五　幸せを絆《つな》ぐコンサルティング

大澤 健司

装丁・DTP◎二ノ宮 匡（ニクスインク）
イラスト◎川田 あきひこ

其の一

等価交換事例と合同分割協議事例

会社紹介

株式会社ダントラスト

代表取締役 **堀田直宏**

社　名　株式会社ダントラスト
(ダン=団=丸くまとまる。トラスト=信託=信じて託す)
住　所　〒166-0003
東京都杉並区高円寺南4-23-5ACPビル2階C号
電　話　03-5932-7016　FAX:03-6740-7080
HPアドレス　http://www.dantrust.co.jp/consulting/
所属団体　・公益社団法人　全日本不動産協会　東京都本部
(東京都本部中野杉並支部流通委員)
・一般社団法人　全国不動産コンサルティング協会
・一般社団法人　全国空き家相談士協会
・NPO法人　相続アドバイザー協議会
・一般社団法人　不動産競売流通協会
・公益社団法人　杉並法人会
・全国間税会連合会　杉並間税会　青年部長
・東京中央ロータリークラブ

堀田《ほった》直宏《なおひろ》

生年月日　1969年

出身地　東京都杉並区

略　歴　最終学歴　東京都立武蔵丘高等学校

職　歴　投資不動産の開発業者にて用地仕入れおよび開発業務の執行役員を歴任し、150棟以上のマンション開発に携わり、多くの権利調整の指揮を執る。また、不動産流動化事業の責任者として、100億円を超えるマンションを信託受益権売買等により流動化した実績を持つ。

資　格
・宅地建物取引士
・公認　不動産コンサルティングマスター
　同　相続対策専門士
　同　不動産有効活用専門士
・（公認）住宅ローンアドバイザー
・（上級）相続アドバイザー
・終活カウンセラー
・個人情報保護士
・競売不動産取扱主任者
・底地借地アドバイザー
・（上級）定借アドバイザー
・（認定）ファシリテーター
・コミュニケーション能力認定１級
・空き家相談士

趣　味　読書・ゴルフ・料理

特　技　マグロの解体。刺身の船盛り

好きな言葉　「笑う門には福来る」
「意志あれば道あり」
「本願他力」

その他　『不動産で悩める人を笑顔にしたい』を経営理念に、依頼者ですら気づいていない本質的な課題と想いを、心で感じ取るための徹底した傾聴を行い、既成概念にとらわれない視点での解決方法を提案し、ネットワークを組む豊富な専門家の智慧を活用することで、複雑な不動産課題を自らが先頭に立ち解消していく超実行型不動産コンサルティングマスターとして活動中。

※２社以上の不動産業者から対応できないと断られた方はぜひご相談ください。

▼相続対策と老朽化マンションの立体買換え（等価交換）【事例 其の1】

1 プロローグ

「このマンションが建った昭和40年代は、周辺には低い建物ばかりで、消防署の署員の方が、『火の見櫓《やぐら》よりも高い』と言って見学に来たくらいでねえ。それが早いもので、周りには高い建物やマンションが次々に建築され、今ではその面影はまったくなくなってしまったね。そして、私たちのマンションも新しく生まれかわるのか……』

平成27年5月19日、東京・北区王子にお住まいになっている、資産家のMさんご夫婦が、等価交換事業契約の書面締結後、懐かしそうに、そして、少し寂しそうに語られていました。私とコンサルティング契約を締結してから半年、企画検討開始から約2年が経過し、この事業が本格的にスタートしました。

平成26年の4月、あるゼネコン（建築会社）の支店長から、「堀田さん、相続対策も絡んだ有効活用なのだけど、等価交換も経験あったよね？」と相談を受けました。

等価交換については後述するため、ここでは概略をお伝えしますが、「立体買換え」の通称で、土地所有者が「土地」を提供、開発業者（デベロッパー）が「建物＋諸経費」の費用を負担し、完成した分譲マンションの一部住戸を土地所有者が取得する方法で、単純に土地を売却し他にマンションを取得する場合に課税される譲渡税約22％が、将来に繰り延べられるという税メリットを使えるのが特徴です。

今回のケースでは、土地70坪をMさんが提供し、新築マンションの一部住戸を約50坪、および清算金の千数百万を取得する内容の事業となりました。

建築会社の支店長は、東京・文京区白山にある、設計事務所の一級建築士N氏（以下「N設計士」）から相談を受けたのですが、N設計士はMさんとご夫婦同士でのお付き合いがあり、Mさんが所有するマンションについて、さまざまなご相談を受けていました。

その相談の課題解決の方法として、N設計士が、等価交換事業という手法をMさんに提案したものの、実際に実行させるにあたり、等価交換事業に関わる重要な「税務」「入居者の立ち退き」「開発業者との交渉」、そして、「相続対策の立案と実行」については、一級建築士の範疇を遥かに超えてしまい、N設計士も大変困惑していたのでした。

私は、建築会社の支店長を通じて、N設計士との面談を設定していただき、内容を伺ったところ、N設計士が考えている方向性は正しいものの、実際に実行させてゆくには、さまざまな課題があるため、複合的なコンサルティングの必要性をお伝えし、コンサルティング業務委託のご提案をさせていただきました。

私が、各課題とその解消方法についてお伝えしたところ、N設計士は、「こんなに内容を教えちゃうと、私が対応しちゃうよ」と笑いながら、冗談とも本気とも言えない回答をされていましたが、私は「良いですよ。絶対にできませんから」と回答させていただきました。


私は、不動産コンサルティングとして、課題解消の手法を提案するときに、原則、実行責任を自身が負えない方法は提案しません。この「実行責任」とは、依頼者のためにさまざまな手法を想定しておくのは当然ですが、提案した手法では成功しない、想定外の事態が起こったときにおいても、その原因を追究し、成功するまで、その都度知恵を絞り出しながら、手を打ち続けるということを意味します。

不動産に関わる課題の解消には、多岐にわたる難題課題が多く、その道のプロですら心が折れてしまうときがあります。度重なる課題発生や関係者の都合など、画一的に解消できることなどは本当に少なく、まさにハンドメイドの完全オーダーメイド業務なのです。その業務の軸となる役割を、素人である資産家に負わせるのは、不動産コンサルティングとしては無責任と言わざるを得ません。私が、N設計士に「絶対にできませんよ」と回答した意味には、今回提示した、課題解消の手法では解決できなかったときに、新たな一手を考え（絞り）出すことや、プロジェクトの軸となり各方面の課題を担い、推進するということも含まれているのです。

当然、そもそもの解消方法の提案や実行自体が困難であることも事実です。

話を戻しますが、N設計士も、不動産コンサルティングマスターとはいえ、初めて会った不動産業者を簡単に信用してくれはしません。その後、私とMさんがコンサルティング契約を締結するまでの半年の間に、私の指摘した課題解消方法の検証や、他の専門家の検索をされていたようですが、『相続対策』『立体買換（等価交換）事業コンサル』『開発業者との交渉・媒介』『入居者の転居対応』『事業中の近隣対策業務』を一気通貫で対応できる専門家を見つけることはできなかったようで、私は、N設計士の厳しい試験に合格し、Mさんに一連の複合コンサルティングのご説明をする機会をいただき、平成27年11月28日、無事に不動産コンサルティング契約を締結し、立体買換え（等価交換）事業のお手伝いをさせていただくこととなりました。

2 都心型家主の不動産相続課題

東京都では、平成23年3月18日に「東京における緊急輸送道路沿道建築物の耐震化を推進する条例」が公布され、老朽化マンションの耐震化は、都心型家主の相続課題の一つとなりました。資産家は自身の高齢化とともに、老朽化するマンションをどのように活用し、継承するかを、相続対策と同時に考える必要が生じてきたからです。

Mさんも、東日本大震災が、所有するマンションの老朽化と向き合う契機になり、一級建築士のN氏に相談することになったようです。検討方法としては、単純に、改修工事の実施を考えたようですが、工事資金の確保について大きな課題がありました。

Mさんご夫婦には、子どもがいません。よって、相続人は親・配偶者そして、兄弟ということになりますが、ご主人にはご兄弟がおらず、ご両親も他界し、相続人は奥様一人となります。

奥様にはご兄弟がおり、ご兄弟のお子様（M夫人からみて甥姪）もおりますが、さすがに奥様のご兄弟や甥姪に連帯保証人を頼むこともできず、借入金の連帯保証人がいない、という事実と、そもそも大きな借入金は避けたい、というMさんご本人の気持ちがありました。

子どもがいないご夫婦の場合の相続対策において、最も重要なことは、ご主人が先に亡くなった後、奥様に過大な負担がかからないようにすることだと考えます。老朽化したマンションを改修し、賃貸経営を継続したとしても、その賃貸事業に必要な作業を高齢になったご婦人が一人で対応することは困難でしょうし、仮に改修資金を借り入れたとしても、返済に追われることになります。この返済金の原資となる、将来の賃貸事業の展望については、後述のとおり、大きなリスクがあるため、よほどの場所でなければ賃貸事業を継続することは、得策ではないのです。

世間でいわれる「相続対策」として、数十年前に賃貸マンションを建てたものの、建物の老朽化対策・将来の不動産市場と不動産賃貸事業の展望そして相続対策を同時に考えなければならないことが、都心型家主の不動産相続課題の特徴で、最先端の不動産相続課題ともいえます。

3 等価交換と相続対策

①等価交換の特徴

私は、この等価交換事業が、相続対策にとても有効であると考えており、一定の条件が整えば資産家の方に推奨させていただいていますが、次のような事情から、資産家の方からは、「話は聞くけど、自分では検討したことがない」または、「詳しくは知らない」という回答をいただきます。

1　借入金の必要がないため、金融機関が推奨しない
2　事業の税務が複雑なため、慣れていない税理士は推奨できない
3　開発事業者主体となり、資産家のために尽力できる専門家が少ない

しかし、以下のような特徴によって、不動産相続の課題を解消することができます。

1　相続人数分に分割して区分所有できるため、分割対策が簡単
2　分譲マンションは流動性が高く、将来の換金が容易
3　自己使用、賃貸活用のどちらでも選択できる

また、相続人に大きな借入金という心理的な負担を負わせることがなく資産を継承することができます。今回の事例においては、次の点に共感をいただきました。

1　借入金がない
2　自宅以外の取得住戸を必要最低限所有し、その賃料を生活費に充てられる
3　施設入居等の多額の資金を要する時は、一部の住戸を売却換金しやすい

そして、最大のメリットは、「今まで住んできた場所に住み続けられる」ということです。年齢を重ねるにつれ、今の場所を離れることに対し、精神的な負担はとても大きいものです。どれだけ金銭的にメリットがあっても、「終の棲家」を手放さない方が大勢居られるのは、精神的負担を負いたくないからです。事業期間中の一時転居についても、年齢が上がってくることで精神的な負担となりますので、その負担に対応できる年齢までに判断する必要があります。

②等価交換の税務

この事業において、税理士の協力は不可欠です。Mさんが、顧問税理士に等価交換事業の税務について相談をしたところ「わからない」という理由で顧問税理士から断られてしまいました。等価交換事業の税務は複雑で、知識や経験がなければ、税理士でも対応できません。私も一定の税務知識はありますが、税理士以外の者が税務アドバイスを行うことは、法律で禁じられていますので、等価交換事業に対応できる税理士を紹介できなければなりません。等価交換にかかわらず、相続や有効活用を含め、不動産コンサルティングにおける専門分野は、「何を知っているか」ではなく「誰を知っているか」が重要なポイントとなります。

私のパートナーの一人、東京・日本橋の鈴木大亮税理士事務所、鈴木税理士（本章の税務監修者として、本名での記載とさせていただいております）に協力を依頼し、Mさんには、お付き合いのあった顧問税理士から鈴木税理士へ税務顧問を替えていただきました。鈴木税理士は、前職の大手税理士法人にて、法人税・個人の資産税・相続対策の実務を多く経験し、豊富な知識を持ちながらもフットワークが軽く、親しみやすい税理士で、Mさんの自宅ミーティングにも積極的に参加し、わかりやすく説明していただきました。

③「建物は法人名義」「土地は個人名義」による節税対策の注意点

地主さんの節税対策として、個人名義の土地上に、法人名義の建物を建て、所得税や相続税の節税をする方法が一般的ですが、万が一売却するときには十分な税務検証が必要です。

本来、建物所有者は土地所有者に対して、建物を建築する際に、借地権の取得に対する権利金を支払うこととされていますが、一般的には、その権利金がないために「無償返還届出書」を税務署に提出して、権利金を支払うことを免れています。

ところが、税法上の借地権認定と民法上の借地権認定が異なることから、当該土地建物を同時に売却するときに、問題となることがあります。等価交換事業では、土地を開発業者に一旦売却し、建物完成後に区分所有権（土地と建物の所有権）付住戸を取得する事が一般的なので、土地と建物を一旦売却しなければなりません。

その際、無償返還届出書を提出して建物を所有した法人には、売買価格や土地の価格をどのように按分するのか、交換住戸は誰が何坪取得するのか、という課題が生じます。

無償返還届出書を出した建物所有者には借地権が認められていないので、一般的な借地権割合となる借地7割や6割という按分で価格を決定すると、取得していない借地権に対する対価を得た（または、借地権を得ているのに権利金を支払っていない）という問題が生じるのです。今回の事例については、個人情報にあたるので詳細はお伝えできませんし、個々の事例によって答えが異なりますので、等価交換や土地建物の売却を検討する際は、顧問税理士に相談し、指示に従う必要があります。

また、等価交換事業の大きなメリットである譲渡税の繰り延べについても、原則、売買契約から一定期間の間に事業を完了させることが条件となっています。本件では、工事費の高騰等により、スケジュールが遅延してしまいましたが、鈴木税理士から税務署へ適切な届出をし、例外的に条件の期間を超えることを認めてもらいました。このような不測の事態においても適切な対応ができるためには、等価交換や相続税に詳しい税理士と十分に

図 1-1 『等価交換の概要とメリットデメリット』

『等価交換の種類と内容』

首都圏 東京23区と武蔵野市の全域。
横浜市、川崎市および川口市の特定区域

近畿圏 大阪市の全域、京都市、守口市、東大阪市、神戸市、
尼崎市、西宮市及および芦屋市の特定地域

中部圏 名古屋市の特定の区域

『適用要件』

①中高層耐火共同住宅への買換え

・既成市街地等内及びこれに準ずる区域内。
・耐火建築物または準耐火建築物に該当し、3階建以上。
・建物全体の50%以上が住宅。
・事業用または居住の用に供することまたは供する見込み。
・譲渡した年の12月31日までに一定の資産を取得する。
（原則ですが、手続をすれば延長可能）

図 1-2

		地権者		デベロッパー	
		1：完成前移転型	2：完成後移転型	1：完成前移転型	2：完成後移転型
(A)敷地全部	○	・事業リスクがない。 ・近隣紛争から回避される。	・土地の権利が保全される。	・土地の権利が保全される。 ・説明の手間がかからない。	・事業リスクを地権者と共有できる。 ・近隣紛争リスクを軽減できる。
	×	・事業がとん挫すると買い戻せない可能性がある。 ・途中で相続が発生すると買戻し価格が評価額となる。	・事業リスクを開発業者と共同で負う。 ・近隣紛争の当事者となる。	・事業リスクを単独で負う。 ・近隣紛争リスクを単独で負う。	・開発中に相続トラブルに巻き込まれる可能性がある。 ・説明の手間がかかる。
(B)敷地一部	○		・土地の権利が保全される。		・事業リスクを地権者と共有できる。 ・近隣紛争リスクを軽減できる。
	×	・事業リスクを開発業者と共同で負う。 ・近隣紛争の当事者となる。 ・途中で相続が発生すると買戻し価格が評価額となる。	・事業リスクを開発業者と共同で負う。 ・近隣紛争の当事者となる。	・事業リスクを地権者と共有できる。 ・近隣紛争リスクを軽減できる。	・開発中に相続トラブルに巻き込まれる可能性がある。 ・説明の手間がかかる。

図1-3『メリット&デメリット』

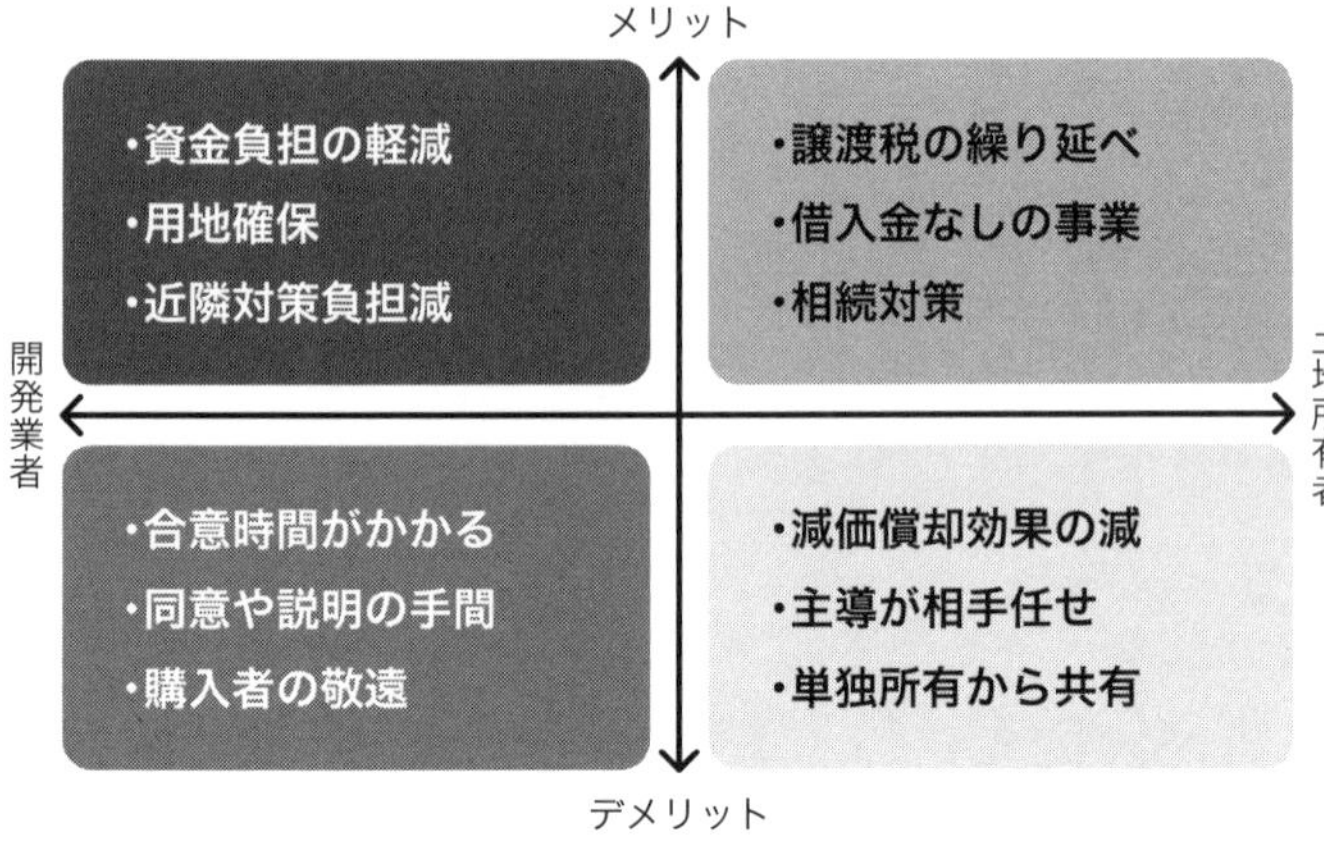

相談を行いながら事業を進める必要があります（**図1-1、1-2、1-3**「等価交換の概要とメリットデメリット」参照）。

4 入居者への転居依頼

①転居依頼の実務

老朽化マンションに欠かせない作業として、入居者の立ち退きがあります。しかし、私は「立ち退き」という言葉は適切でなく、「転居依頼」であると考えます。

建て直しによる「立ち退き」は、貸主の一方的な都合であり、入居者には全く非がないにもかかわらず、当該物件から別の場所へ転居を依頼することが本質ですから、まずは、貸主としては「転居依頼」と考えるべきです。

当然、相当の補償費用を提示しても、ご理解がいただけない場合は、「正当事由」を探し、より強く依頼していくことも必要ですし、最悪は訴訟も考えなければなりません。

とは言え、最初から交渉を前提に話すよりも、まずは「お願い」することが道理であり、入居者の多くは、老朽化した建物に住み続けることが自身にとって有意義でないことは理解できますので、お願いしている相手を攻めたてるような方はほとんどいません。

よく、転居費用を気にして、定期借家を募集条件としたり、単純に自然退去を待ち、他の住戸を長期間空室にしている方も多くおりますが、転居費用を負担しても事業を進めて

図1-4

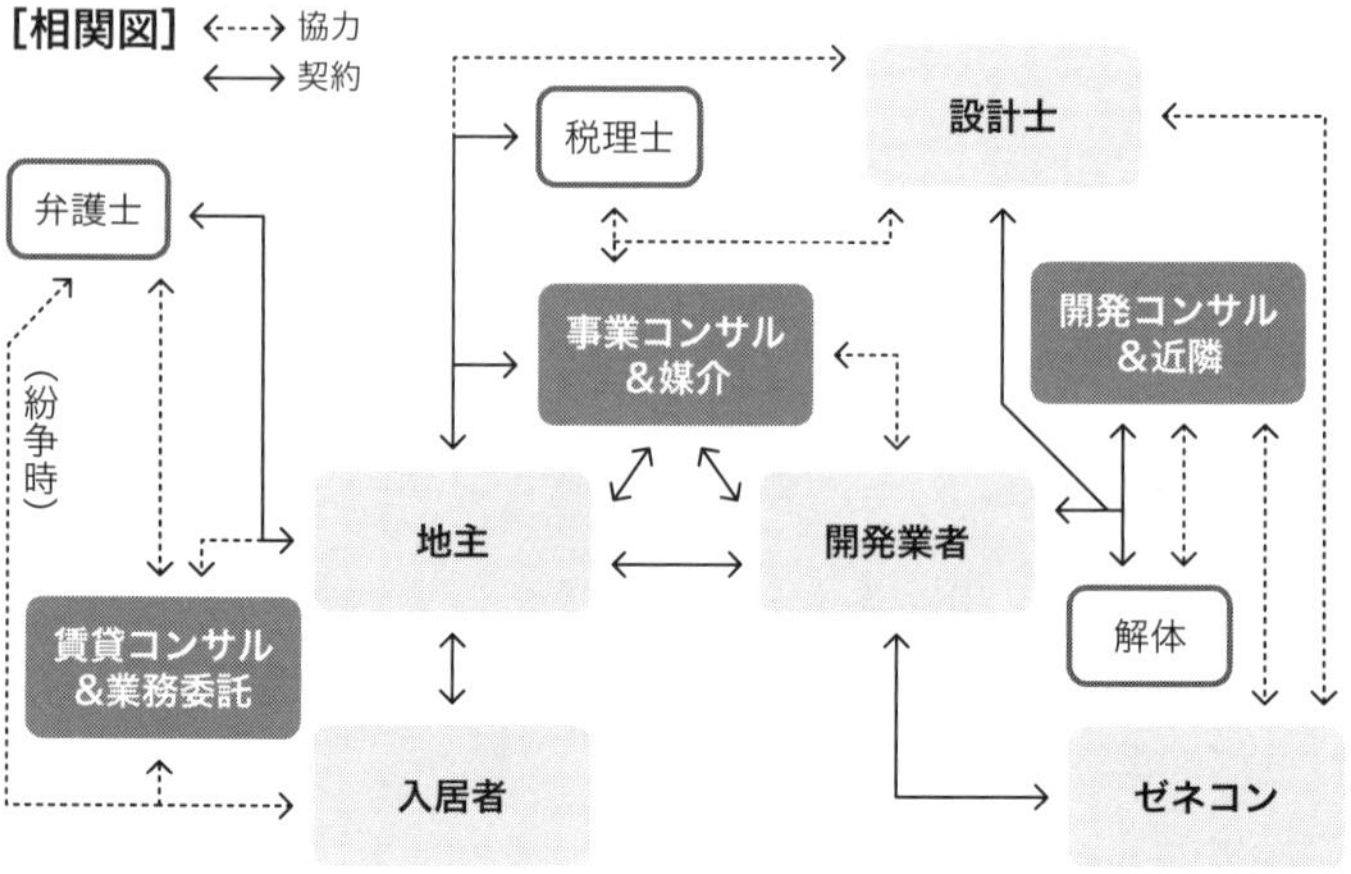

いくほうがメリットがあることも多いので、具体的な費用を算出して比較検討する必要があります。

②非弁活動について

弁護士以外の者が、法律行為の代理人となることは、法律では認められていません。

よって、貸主が入居者に転居を依頼するときは、本人が直接対応するか、弁護士に依頼するしかありません。私も転居依頼(立ち退き)に関連する業務を依頼されるときは、まず、貸主から弁護士への委任状を提出していただき、弁護士に委任していただきます。

そのうえで、私たちは、賃貸管理会社としての業務委託契約を締結していただき「意見の伝達および聴取」を含めた賃貸管理業務を受けます。意見の伝達と聴取ですから、法律交渉は致しません。貸主の意思として「転居の依頼」を伝達し、入居者のお考えを徹底的に聴取させていただきます。そして、法律に抵触しないように、弁護士の指示に従い、対応していきます（**図1－4**参照）。

③不動産業者が窓口として対応するメリット

私たち不動産業者が、賃貸管理業者として入居者との間に入ることの大きなメリットは、感情的になりにくいということです。常識的に考えて、いきなり弁護士の名前が出るよりも、一般の不動産賃貸会社が訪問するほうが入居者も驚きません。

また、入居者が転居先を検索するときに、現在居住している物件がどの程度希少性の高い物件かを理解することができます。相場と比較し、家賃が安く希少性の高い物件であれば、検索時間や家賃の増加に理解を示すことが可能ということです。

この、「理解を示せる」ことは、入居者とのコミュニケーションを取るのに重要な要素となります。「確かに、今住んでいる物件は滅多にない物件ですね。同様の物件を探すとなると時間がかかるのは仕方ないですね」という回答は、事実の確認をしていることと、不動産業者の見解を述べているだけです。

入居者は、転居を依頼する業者が入居者の主張に反論して説得してくると想定していますから、「そのとおりですね。希少性の高い物件ですね。探すのに苦労したのではないですか？」という回答などは、敵ではないと感じてもらえる要素となるのです。

ところが、これを不動産業者以外が話すと、「あなたは専門家でないのに何がわかるのだ」ということになりかねません。また、入居者が探してきた物件の家賃や手続に必要な諸費用の妥当性（保証料や鍵交換等）を適切に理解することができますし、仕事が忙しく、検索時間が取れない方に対して、賃貸の媒介業者として物件検索を行い、物件のご提案や内覧の手続のお手伝いをして差し上げられます。

今回、南向きの高層階に居住する男性が相場家賃よりも安く入居しており、「今の物件を探すのにどれだけ時間がかかったかわかるだろう！　また、同じ条件を探すとなるとウンザリだ」と言われました。確かに、相場よりも1万円ほど安い家賃で契約していたので、環境条件が合致する物件を見つけるまで数ケ月を要し、増加した家賃分は転居補償費としてMさんは対応しておりました。

今回対応した、弊社スタッフのY君は、元賃貸仲介店で店長を務めていたこともあり、中高齢者には直接、物件チラシを持って訪問、若い方には電話連絡や訪問でなくSNSや携帯のメール等を活用するなど、入居者の特性に合わせた対応を行い、土日や深夜でも入居者の都合に合わせたアポイントを設定するなど、まさに入居者第一主義にて尽力した結果、大きなトラブルもなく、転居依頼開始から6ヶ月で12世帯の転居が完了しました。

④転居費用の予算

「転居費用（補償費用）は、どの程度の予算を考えたら良いか？」と聞かれることがありますが、相場がないことと、私は法律家ではないため、明確に答えることができません。しかし、参考や目安としては、6～10ヶ月の家賃分だと考えられます。単純ですが、ネット検索すると、多くの法律事務所等で目安として掲示されている金額だからです。裁判所の判例を基にしているのでしょうが、一般の方が検索したときに受ける印象が6～10ヶ月のようです。
心理学の「プロスペクト理論」では、「人間は得よりも損をしたくない気持ちが強い」

(実費)　※賃料70,000円程度の場合

・礼　　　金・・・・・・・・・・・70,000円
・仲介手数料・・・・・・・・・・・75,600円
・敷　　　金・・・・・・・・・・・70,000円
・保証費用・・・・・・・・・・・・37,800円（状況によって変わります）
・損害保険、鍵交換、諸経費・・・70,000円
・前家賃・・・・・・・・・・・・・70,000円
・前共益費・・・・・・・・・・・・5,000円
・引っ越し費用（ラクラク）・・・100,000円（状況によって変わります）
・家具新調費・・・・・・・・・・50,000円
実費合計・・・・・・・・・・・・548,400円（家賃7.8ケ月分）

上記内容に予備費と預かり敷金１ケ月の返還を付加し、700,000円程度を予算計上します。（家賃10ケ月分）

とあります。たとえば、同じ１００万円でも、得するときよりも、損するときの感情の変化のほうが大きいのです（宝くじで１００万円当たるときのうれしさよりも、１００万円落とした悔しさのほうが大きいということ）。ですから、入居者が転居協力してもらうための収支が損にならないことは当然で、相場よりも損をさせないことを考えます。

また、この転居費用の見積りの際に、目的が変わってしまうオーナーがいらっしゃいます。本来の目的は、全入居者に転居していただき、事業を進め、相続対策を完了させることであって「転居費用の減額交渉に勝つか負けるか」ではない、ということ

です。

理屈で考えれば、新たな住居の敷金や前家賃は、入居者の負担ともいえますが、大局的な視点でご判断いただくことが重要です。

⑤入居者の属性調査

転居依頼を開始する前に、入居者の属性調査をします。

今までの滞納履歴やトラブルなどを、貸主や管理会社から聴取し、契約書類の添付書類等からも情報を収集します。これらの情報から、入居者それぞれの注意点を把握します。たとえば、同居者の勤務先が「法律事務所　事務職」となっていたりすると、それなりの費用請求や時間がかかる可能性があることを想定します。また、「飲食店勤務」とあれば、「飲」か「食」をはっきりさせます。「飲」であれば、水商売という可能性も高く昼の連絡は注意が必要で、連絡も取りづらいということになります。

そして、暴力団との関係も調査します。単純に怖い、ということもありますが、暴力団排除条例で一気に処理できる可能性があるからです。余談ですが、私は、東京都公安委員会が主催する「暴力団追放　不当要求防止責任者」の指定講習を受講し「不当要求防止責任者」に選任されています。

今回、最後まで時間がかかった方は、契約者（中年女性）は当該地に住んでいる形跡がなく、契約者の連帯保証人（中年男性）と契約書に記載された同居者（フィリピン人女性）が居住していることがわかりました。弁護士に住民票の内容を確認していただき「契約者は住民票の住所が移転していない。同居者である女性を連帯保証人が愛人として住まわせるために、契約者に名義貸しを依頼したのではないか？」と推測できたため、念のため暴力団員か否かの調査をしました。

本来、このような属性調査は賃貸仲介会社が入居時に行うべき業務です。今回も、他の入居者で毎月家賃の支払いが遅れる人がいましたが、長期間老朽化した建物の入居者が決まらないと、審査を甘くして入居させてしまうことや、家賃の督促も適切に対応していないことがよくあります。このようなことが、転居依頼活動に大きな影響を与えるので、事前の調査と準備が必要です。

5 賃貸事業について

①賃貸経営は儲かるのか?

過去にマンションを建築した資産家にヒアリングすると、「相続対策になるからといって、マンション建てたけど、あんまり儲からなかったね。借金の返済、建物の管理修繕、賃貸管理、入居者の仲介手数料、最近では広告料というのも払わないと、入居者が決まらないし、退去すれば改修費は負担しなければならないし、相続対策にはなったかもしれないけど、賃貸業としてはどうなのかわからないよ」と言われます。

収益不動産の提案で、具体的に30年収支を計算し、ご提案させていただくことがありますが、想定賃料をどのように推移させるかで、収支の内容は大きく変わってきます。この想定賃料を高く査定すれば、収支が良くなりますし、低くみれば収支が赤字になります。

私の前職は、25㎡ほどの1Kタイプのマンションを個人投資家へ分譲する企業にて、マンション用地の仕入れと開発推進の業務責任者（執行役員）を歴任していました。

開発されたマンションは、1Kタイプで一戸あたり2000万円程度で販売し、顧客は

8万5000円前後の賃料を得て、その賃貸収入を取得代金の借入金返済に充てて資産を増やすというシステムです。

このシステムは、賃料収入が減少すると借入金の返済に大きな影響を与えるため、開発用地の取得にあたっては、賃貸市場の動向（エリア・駅距離・賃料変動等）を最も重要視し、顧客の取得した住戸の賃料が長期間にわたり安定して得られる場所を厳選し、用地を取得していくことになります。その市場動向の把握について、さまざまなデータを活用するのですが、データ化された情報は残念ながら、数年遅れた情報です。

私の事務所は、東京・杉並区の高円寺（JR中央線で、新宿から2駅約6分）にありますが、スタッフは賃貸仲介や投資不動産の売買仲介の業務も行っています。弊社が、不動産コンサルティング業務だけに特化せず、さまざまな事業を薄く広く手掛けているのは、不動産市場の最前線の実態を、「自ら体感して把握したい」という趣旨からです。確かに、データは無視してはなりませんが、最前線の実態を肌で感じ、その肌感覚を含め資産家にご提案していくことが、真の提案であると考えるからです。

私の過去の経験と今の肌感覚、そしてさまざまなデータを合わせた結論としては、「今後の賃貸事業は素人運営では立ちゆかなくなる。」ということです。

昨今の賃貸事情は、過去の貸し手市場から、超借り手市場となっています。高円寺といえば、若者に人気がありサブカルチャーの街として活気がありますが、弊社のみならず、地元トップの不動産会社の経営者も、「年々、賃貸仲介件数は減少し、常に10％以上の空室がある」と嘆いています。

雑多感が売りの高円寺は「日本のインド」ともいわれ、築古の住戸やビルのほうが、カフェ・古着屋・雑貨屋等の借り手には人気があり、新築よりも築古のほうが良いというお客様もおりますが、それでも、簡単に借り手が決まらないのが実態です。新宿から2駅の利便性を持つ場所でさえです。他の地域では新たな物件が供給され、「需要＜供給」という関係がますます拡大され、老朽化のマンションやビルの空室率が上昇し続けています。

また、不動産運用のプロであるリート（ＲＩＥＴ）やファンド等は、運用するポートフォリオ（複数の物件をまとめた袋のような概念）が所有する物件を、市場動向にあわせ流動的に入れ替えます。簡単に言えば、将来の不良物件を見抜き、売り逃げてしまうということです。しかし、個人地主の場合は、そもそも売却を前提としていませんから、固定運用しかできず、所有エリアの需要減少や、供給過多になった場合は家賃下落の波にのまれてしまい、対応しきれません。

そして、政府でも社会問題として注視しているのが空き家問題です。私は、一般財団法人全国空き家相談士協会の正会員として、空き家相談士の活動もしておりますが、日本全体の空き家率が14%を超えてくる現状や、いわゆる「サブリース保証」のトラブルがここ数年の間に急増していることを踏まえれば、専門知識を持たない一般の地主さんやその継承者の方々が、高額の借入れで建物を再生・新築し、賃貸経営による収入で30年を超える返済をすることは、リスクが高いと考えます。

では、今後の住居系の不動産市場をどのように考えればよいのかというと、「マンション」と「都心回帰」がキーワードです。

職場から近い都心部のマンションに住む人が増加し、行政もその環境を支援しているということです。その理由は、**図1-5**と**1-6**のデータが示しています。

まず、データのとおり、通勤時間が90分を超えている世帯が、平成15年と比較して、購入者では半減し、借家では7分の1にまで減っています。都心のビジネス街で働くには、できる限り職場に近い住居を持つことを求めるのは当然だと考えます。

また、マンションを購入する割合が、20年間で10%増加し、42%となっています。他方、

図 1-5　通勤時間帯別世帯数(関東大都市圏 持家)

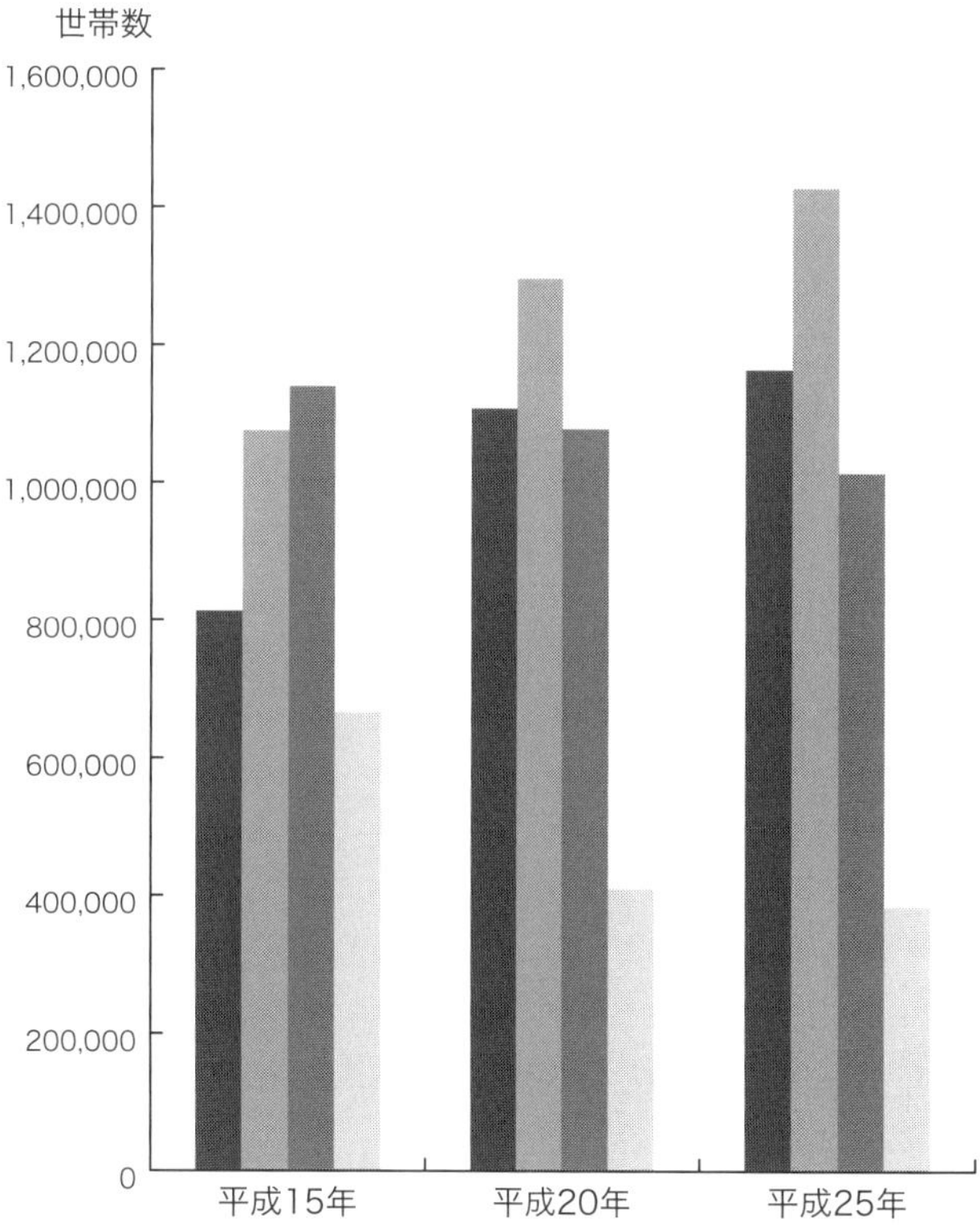

	平成15年	平成20年	平成25年
30未満	813,900	1,107,700	1,164,800
30〜60分未満	1,075,300	1,296,800	1,428,300
60〜90分未満	1,140,000	1,078,000	1,014,200
90分以上	666,100	409,800	383,500

出典:総務省統計局「住宅・土地統計調査資料」より抜粋作成

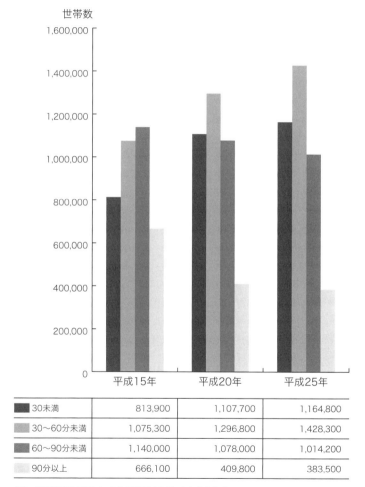

図 1-6 通勤時間帯別世帯数（関東大都市圏 借家）

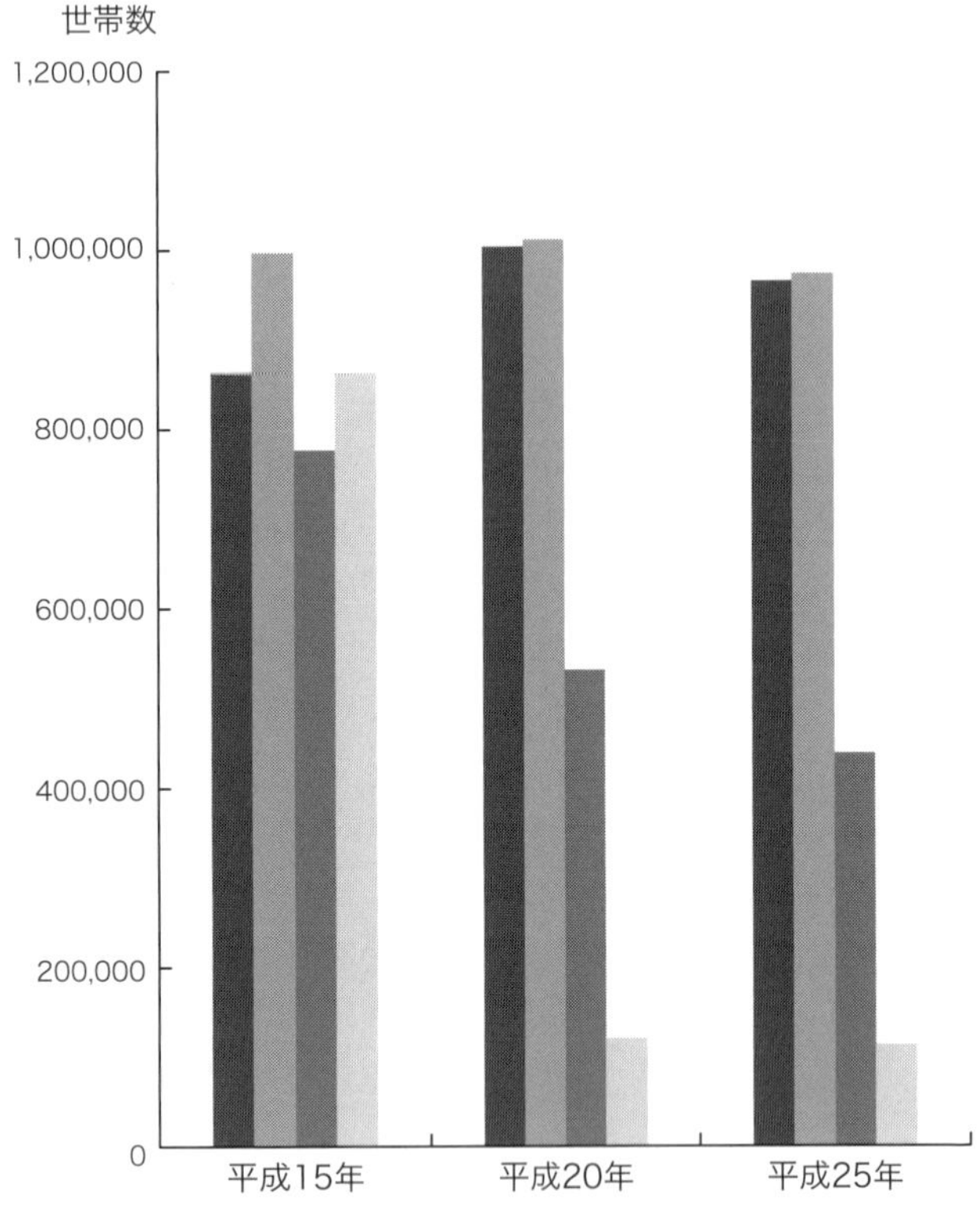

	平成15年	平成20年	平成25年
30未満	857,800	996,000	957,700
30～60分未満	989,700	1,003,800	966,000
60～90分未満	770,900	527,100	435,200
90分以上	857,400	119,600	112,800

出典：総務省統計局「住宅・土地統計調査資料」より抜粋作成

図 1-7 住宅の建て方別割合（関東大都市圏）

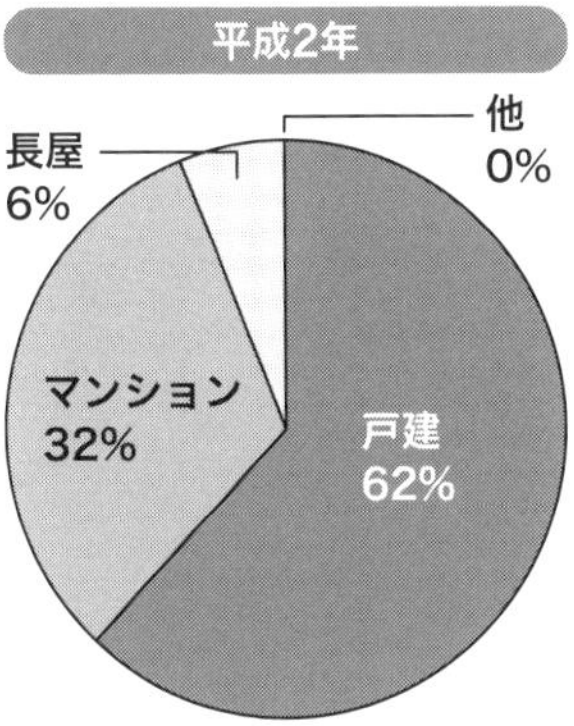

戸建	マンション	長屋	他
24,329	12,613	2,279	98

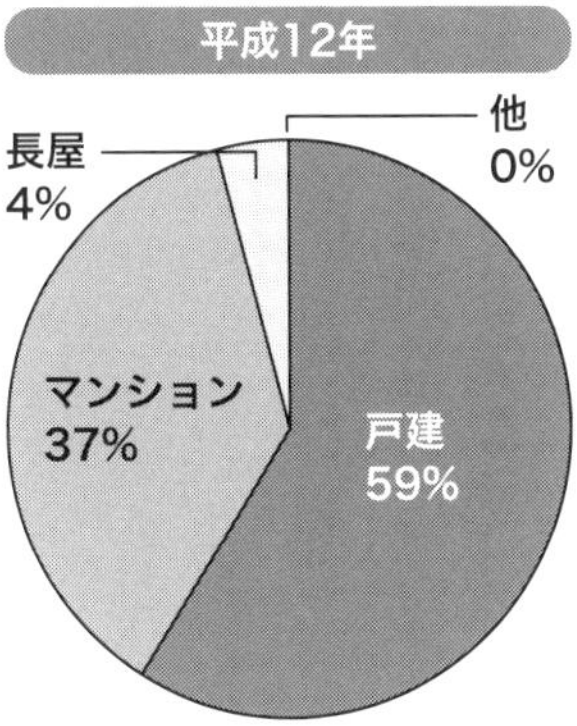

戸建	マンション	長屋	他
26,754	17,109	1,723	107

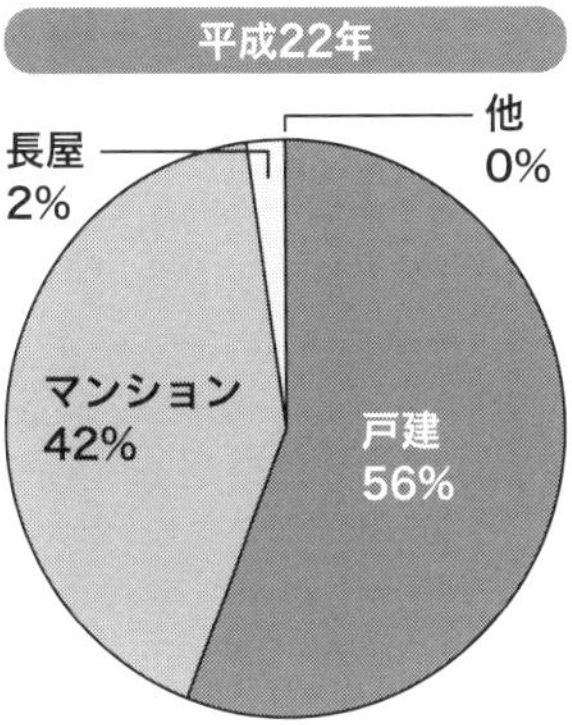

戸建	マンション	長屋	他
28,425	21,225	1,302	100

出典：総務省統計局「住宅・土地統計調査資料」より抜粋作成

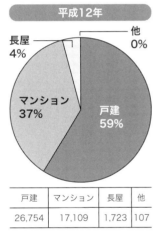

戸建ては、同じく6％減少し56％となっています。これは、戸建てよりもマンションを購入する人が増加しているということです（**図1－7**参照）。

そして、都心では、新たな土地が造られているのと同じことが起こっています。特に都心三区（千代田区・中央区・港区）では、容積利用の割合が増加しています。たとえば、港区は平成13年には300％程度しか利用されていなかった使用容積率が平成24年には390％まで増加しています（**図1－8**参照）。これは、容積約100％＝港区の土地面積分を新たに利用しているということになります。少子高齢化時代が到来し、都市インフラの整備予算も限られています。既存のインフラを利用することで、新たな投資を減らそうとするのは当然です。

結果、インフラの整っていない郊外を開発するよりも、既に一定のインフラが整っている都市部の、利用されていない空中の利用（高度利用）をしなければならなくなってきています。とはいえ、人口減少の現実を考慮すれば、都心部だからといって、賃貸事業が順風満帆とは言えません。ですから、借入れに頼った賃貸経営よりも、借入れが無く、現金が必要な時に速やかに売却可能な分譲マンションに転換させておき、必要最低限の賃貸経営を行うことができる不動産を残せる、等価交換事業は検討に値すると考えます。

図1-8　東京都心三区(概算容積率の推移)

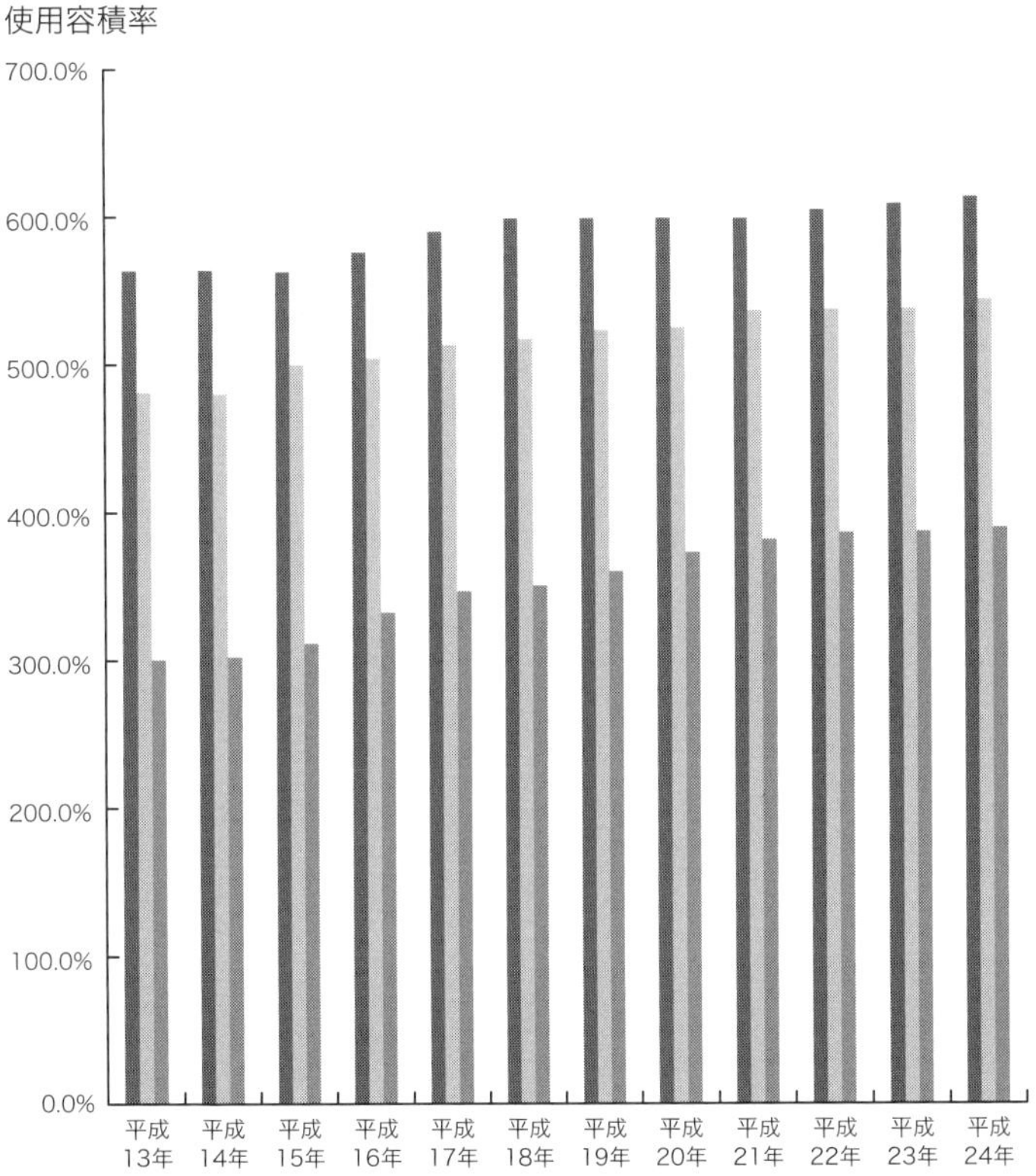

	平成13年	平成14年	平成15年	平成16年	平成17年	平成18年	平成19年	平成20年	平成21年	平成22年	平成23年	平成24年
千代田区	563.6%	563.9%	562.8%	576.0%	589.9%	598.7%	598.7%	598.8%	598.7%	604.5%	608.5%	613.1%
中央区	481.1%	480.2%	499.7%	504.1%	513.4%	517.6%	523.3%	525.1%	536.3%	537.3%	537.6%	543.8%
港区	300.5%	302.3%	311.6%	332.2%	346.7%	350.4%	360.0%	372.8%	381.9%	386.4%	387.1%	389.7%

出典:不動産近代化センター作成「2014不動産業統計集　6　土地」より

6 取り組む開発事業者は誰か

前述のとおり、入居者の転居作業は、非弁法の問題もあり、入居者と転居費用の交渉をすることができません。しかし、事業のコンサルタントや土地売買の媒介業務者として、取引の価格を相手方（事業主）側と交渉するのは可能です。今回は当初の転居予算から300万円の追加予算が必要となりましたが、目標期日までに完了させることを条件に、売買代金を300万円上げていただきました。事業主は『時は金なり』の対応を取る時があります。たとえば、決算期に取り込みたいという意思があるときや、時間を短縮するために必要なコストと比較し、メリットがあれば、対応する可能性は十分あります。

予定変更したときに、柔軟な対応ができないような事業者では、等価交換事業を円滑に進めることはできません。

プロの事業者であれば、転居費用が追加される可能性などは、想定の範囲内です。ところが、開発事業者の担当者によっては、自己保身に走り『少しでも利益を得る』ことを目的としてしまうことがあります。今回取り組みさせていただいた、神奈川県横浜市に本社を置く開発業者L社さんには、前述の売買価格調整の他にも、等価交換事業契約後に、建築費の急騰や想定外の建物基礎が発見されるなど、当初の事業収支が大きく変わる事態となってしまったときの柔軟な対応と、なにより「Mさんへの影響を最小限とします」と宣言し、積極的に代替案を検討し実行していただいたことは、大変な感銘を受けました。

どれだけ、綿密に計画をたてたとしても、完全にそのとおりに実行されることはありません。環境の変化に応じて、柔軟に対応する必要があります。その対応に最も影響を与えるのは、信頼感です。私が、いつも気にかけている格言があります。「事前は説明。事後は言い訳」です。資産家の方は、事前に私が適切な予測を行い、十分な説明をしていたのであれば、多少の計画変更は認めていただけます。事前に何も伝えず、事が起こった後に説明しても、依頼者は「言い訳」にしか聞こえないのです。そのような細かい積み重ねが信頼感となって、想定外の計画変更に対しても、資産家の方は、信頼し承認していただけるのです。まさに、開発業者L社さんには、事前に説明していただけるなど、我々の信頼を得た対応をしていただき、Mさんも、心から感謝していました。

7 その他

①区分所有者となる心得

等価交換事業を検討するために必要なものが、「区分所有者となる心得」です。なぜなら、多くの建物所有者と共有で居住していくわけですから、「私は元地主だ！」というのは通用しません。稀に、自身が個人所有していたときと同様に、共用スペースに鉢植えを置いたり、自転車を置いたりする方がいます。また、管理費についても「1階しか使わないから、エレベーターの費用は払わない」と言う方もおりました。

このような、トラブルはすべて、「元地主」という上から目線の考えを捨てられない方が起こしています。区分所有者として管理組合に加入し、他の居住者と共同して建物を維持管理していく心構えが必要となり、管理費・修繕費費用を毎月支払う義務が生じることに理解ができなければ、等価交換事業はおススメできません。

②測量と境界承諾と近隣対策

地主さんが、「測量はしてあるよ」ということがあります。しかし、「境界確定していますか？」と聞くと「？・？・？・？」となる場合があります。境界の細かい概念は、専門家に任せますが「測量＝境界確定」ではない、ということに注意しなければなりません。

建物を設計する設計士は、測量図を基に建物の設計を行いますが、境界確定の有無は、原則関係ありません。ところが、都心の土地は単価が高額になるので、数センチの差異が1000万円を超える価値になることがよくあります。また、商業地域等では、建ぺい率100％まで（理論上）建物を建てることが可能ですから、建物を新築することによって、通風・日照そして景観が損なわれる場合は「そもそも境界が確定していないのに、建物を建てるとは何事だ！　建物建築反対‼」と隣接地住民が感情的になることがあります。

そのようなことから、最近では行政が、建築確認を申請する際に、境界承諾書に基づく測量図を求めることが増えています。分譲するデベロッパーは、購入する区分所有者達の権利を確保するために、境界確定書の交付は売買条件に必ず入れる条件ですから、売買や建築を始める直前に隣接地所有者に対して、境界承諾書の取り交わしを求めるよりも、事前に準備することが重要です。

特に、境界承諾に応じるか否かは、相手が決めることですから、「対応するのが当然」という考えは問題外ですし、ふだんから良好な相隣関係を築いておくことが大切です。境界確認が取れず、もめてしまえば、売却価格も大幅に下がりますし、等価交換事業による対策どころではありません。

8 相続と不動産

相続と不動産はとても緊密で簡単に切り離せません。なぜならば、日本の平均相続財産の内訳は、50％以上が不動産だからです。そして、資産の半分以上を占める財産であるにもかかわらず、不動産を物理的に分割できないことや、その評価方法が画一的でないことと、何より、『勘定』が大きく作用し、論理的な判断をしにくい財産だからです。

「いくら論理的に説明しても依頼者が納得しない」と悩む、税理士や法律家が多くいます。コンサルタントは、依頼者の『感情』と『勘定』を適切に理解し、人生の終焉に向かっている依頼者の優先順位を、役者が役に憑依されるかのごとく、依頼者の感情や価値観を全身で受け止めて、ご提案しなければなりません。そのうえで、ご本人が感情を優先したいと結論を出せば、その『感情』を優先し、金銭価値を優先したいという結論であれば、『勘定』を優先した方法を決定するべきで、間違っても、コンサルタントの合理的、金銭的な価値観を押し付けるようなことはしてはならないと考えます。

このような考えは、不動産業者の特性かもしれません。特に、自身が生活してきた自宅の売却検討は、大変な心の痛みを伴うときがあります。依頼者の人生の軌跡を実体化させた建物が自宅であるといっても過言ではないからです。これは、所有する不動産を手放した経験がある人しか感じることはできません。『勘定』を適切に提示したうえで、『感情』も配慮することができることが、『100％依頼者の立場に立ち、考えに考え抜いた最適提案』であると断言できます。『100％依頼者の立場に立ち、考えに考え抜いた最適提案』は、公認　不動産コンサルティングマスター相続対策専門士の研修講師でもある、株式会社福田財産コンサルの代表取締役である福田郁雄先生が提唱し、公認　不動産コンサルティングマスター相続対策専門士研修の最初に勉強する重要な原理原則で、各コンサルタントの価値観や人生観が見えてしまう、とても難しい理念です。

平成28年1月。建築着工の地鎮祭で、M夫人が「やっと、工事が始まるのね。少し予定よりも時間がかかってしまったけど、L社さんも赤字の事業をするわけにはいかないですし、きちんとした建物を造ってもらわなければならないですから仕方ないですね。後は完成するまで、私たちが元気で待っているだけね……。そういえば、私の友人がこのマンションに興味があって、『今の一軒家を売って、引っ越して来ようかな』と言っていたの。L社さんに相談してもいいのかしら』と言われました。

私は、「L社さん、喜びますよ。建築開始の時点で、お客様を一人確保できるのですから。いっそのこと、他の住戸全部Mさんのご友人たちに買ってもらったらいいじゃないですか、楽しい生活になりますよ」と冗談を言うと、M夫人が「良いわね。考えようかしら」と笑いながら返してきました。

平成29年6月30日にL社からMさんに

老朽化したマンション

平成29年6月吉日引渡日

新しい住戸数部屋が引き渡されました。丸3年にわたる私のコンサルティングが終了しました。ふり返ると、苦しかったこと、うれしかったことをいろいろと思い出します。何よりもMさんが私を信用し、大切な財産を託していただいたことが、私の気持ちの支えでした。

また、N設計士、鈴木税理士、弊社スタッフ、そして開発業者のL社社員の皆さまの知恵を一致団結させて完成した、この物件が、私の寿命が尽きた後も残り続けるという素晴らしい仕事を経験させていただいたことが、私の相続財産だと思っています。

> 堀田　直宏　様
>
> 梅雨も明け、蝉の声がだんだん賑やかになってくるのに反比例して、新生活はようやく落ち着いてきました。
>
> このたびは、等価交換による私たちの住まいの新築にあたり、堀田様はじめ（株）ダントラストの方々には、大変お世話になりました。
>
> 堀田様の細やかな心配りのおかげさまを持ちまして、素人には頭が痛くなるような複雑な手続きも、すべて滞りなく済まさせて戴くことができました。
>
> 本当に本当にありがとうございます。
>
> 近くにお越しの際には、是非お立ち寄りくださいませ。
>
> また、これからもどうぞよろしくお願い申し上げます。
>
> 末筆ながら、堀田様のご健康とご多幸、またお仕事でのご活躍を、心より祈念いたしております。
>
> 2017年7月吉日　馬淵　正明　&　ひさよ

地主さんMご夫婦含めた記念写真

ご協力依頼書(参考)

入居者の皆様へ

平成26年12月吉日

記

暮秋の候、時下ますますご清祥の段、お慶び申し上げます。平素は格別のお引き立てをいただき、厚く御礼申し上げます。また「(物件名) ○○○○○」に、ご入居頂きましてありがとうございます。

さて、すでに数名の入居者の皆様から、ご指摘がございましたとおり、配管等の不具合が度々発生し、大変ご迷惑をお掛けしております。

当建物は、昭和47年に建築され、築40年を経過し、近年は多くの設備不良や不具合が発生しております。また、現在の建築基準法上における、耐震等級を確保できておらず、耐震補強が必要とされている状況でございます。

このような現状をふまえ、当建物の大規模改修又は、建替えを検討せざるを得ない状況となりました。この度の検討によって、ご入居者の皆様には、他の住宅への転居をお願いせざるを得ないこととなり、お詫びと共にご理解を頂きたく、本書をお送りさせて頂いた次第でございます。

ご入居者の皆様が、驚かれ、ご不安に思う事もあるとございます。また、転居のご了承を頂くにも、転居に係る費用のご心配もあると考えます。

このような、ご迷惑について、私は出来る限りの対応をさせて頂く覚悟でございますが、細かい内容については、私自身が一級建築士・建築会社・不動産コンサルティングの専門家の先生方に相談している次第でございます。

よって、末尾に記載いたしました、不動産コンサルタント会社へ、皆様への諸事情のご説明と、ご希望や課題の聴衆及びその伝達業務を委託いたしました。初回のご説明は、私が、業務を委託した会社と共に、皆様のお宅にご訪問させていただく事を予定しておりますので、お忙しいと思いますが、お時間を頂けますよう、よろしくお願い申し上げます。
この度は、大変勝手なお願いとなりますが、何卒、皆様のご理解頂くと共に、お力を貸していただければ幸いです。

よろしくお願い申し上げます。

以上

(貸主)
東京都北区○○○一町目○番○号
有限会社＊＊＊＊＊＊＊＊＊＊＊＊
取締役　○○○○○○○○

(業務委託会社)
会社名：株式会社　ダントラスト
代表取締役　堀田直宏
担当者：[redacted]　　090-＊＊＊＊-＊＊＊＊
住　所：東京都杉並区高円寺南4-23-5　ACPビル　2階C号
連絡先：電話：03-5932-7016
FAX：03-6740-7080

▼父と叔父の相続を同時に解決「合同分割協議」【事例 其の2】

1 プロローグ

知人の紹介で相談を受けた依頼者（50歳　男性　職業サラリーマン）から、次のような相談を受けました。

「叔父が亡くなったのですが、何だかよくわからないけど、私と姉が相続人になったと、司法書士から連絡が来ました。相続財産のうち、現預金約4000万円は叔父の叔母（以下「大叔母」）にあたる方が希望しており、私たち姉弟は、『不動産を貰って欲しい。不動産の価値は6000万円程度だから、現金より得だ』と言われているのですが、本当にそんなに不動産の価値が高いのか？　なぜ私たち姉弟が相続人なのか？　とにかく何にもわからないので、教えてもらえますか？」

この相談内容には不思議なことが多く隠されているのですが、私は、「まずは不動産の査定をしてみましょう。その価格が事実ならば、慎重に考えないとなりませんから」と回答しました。

相続において、不動産の価値がトラブルの原因になることがあります。税理士が考える不動産の評価は、「税評価」であり、実勢評価とはかけ離れているのです。特に、分割協議の際に、「税評価」ＶＳ「実勢評価」の争いになることがあります。また、「実勢評価」といっても、不動産鑑定士が鑑定する評価と不動産業者が査定する評価があります。

訴訟や調停等で使うのであれば、鑑定士に依頼したほうが効果的ですが、鑑定士に評価を依頼すれば、数十万の費用がかかります。よって、一般の方は、不動産業者が提示する無料の価格査定を利用することも多く、価格査定を含めた、相続相談が来ることがあります。

相談者の記憶をたどり、相続不動産の現地（東京都豊島区）に行くことになりました。

その不動産は、もともと祖父の自宅があった場所で、依頼者が学生時代に住んでおり、祖父が資産家で地主でもあったことから、本家の周りを借地として貸していたとのことでした。

私が、現地を見た瞬間に、指定された土地は、6000万円どころか、10分の1程度の評価ではないかと判断できました。

なぜなら、伺っていた土地面積のほとんどが、「位置指定道路」だったからです。司法書士が伝えた、6000万円という評価は、

195.31㎡（土地面積）×310,000円（土地が接する道路の相続税路線価格）＝60,546,100円

という根拠だったようです。

ところが、195・31㎡の土地のうち、実際に宅地として使える部分は、わずか75・08㎡で、残りは道路だったのです。さらに、その土地は借地として第三者に貸していたのです。

底地評価は30％相当でしたから、約700万円程度の評価となります（**図1－9物件概要**参照）。

しかし、底地評価が約700万円であったとしても、借地と一体で評価した割合ですか

図 1-9 物件概要

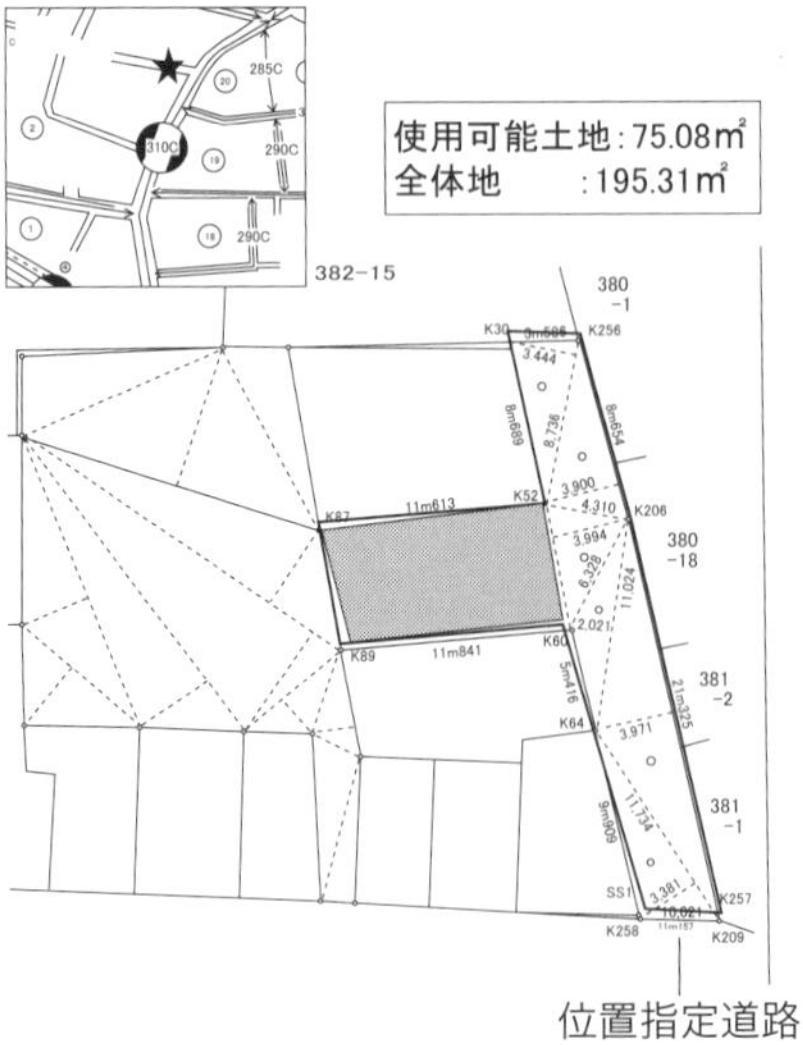
路線価
285C
310C
290C
290C
使用可能土地：75.08㎡
全体地　：195.31㎡
382-15
380
-1
380
-18
381
-2
381
-1
11m613
11m841
位置指定道路

ら、底地だけ単体で売買するとしたら、さらに値段が下がります。

相続問題において、不動産評価が、紛争の要因になるのは、このようなことがよくあるからです。法律のプロや税務のプロであっても、不動産の評価を出すことはできません。特に、理解が足りない税理士が担当すると、不動産の評価をすべて税務評価で進め、分割紛争や不適切な不動産活用につながってしまうケースもあるようです。

この土地は、さまざまな調査の結果、６００万円程度の査定をいたしました。

司法書士から聞いていた不動産の評価が、私が評価すると、10分の1になってしまうことに、依頼者は大変驚き、不安になったようですが、現地を見て、そのほとんどが道路であるということも十分に理解しており、納得していただけました。

先ほど、依頼者の質問に対して、不思議なことが多く隠されていると書きましたが、司法書士が伝えたことに間違いがあっても、いきなり否定することはしません。それは、不動産業者は、司法書士よりも信用度は低いため、不動産評価を納得していただき、私に対する一定の信用をいただいた後に伝える必要があったのです。伝えるタイミングを間違えると不適切な司法書士のことを士業という肩書きだけで信用してしまい、取返しのつかないことになってしまうからです。

私は、大叔母は相続人でないため、財産を要求する権利がなく、その無権利者から委任された司法書士が、分割財産の評価や分割方法を提示していることが不適切であることを伝えました。

細かい事実確認を行ったところ、大叔母の主張は、叔父の面倒を長期間にわたって見ており、入院や葬儀の手続も行ったし、生活費も負担していたので、負担していた生活費を返して欲しいとのことでした。

実際には、叔母は80歳を超え、車いすに乗っており、自身が叔父の面倒を見ることは考えられませんし、生活費を負担していたという事実もありませんでした。

依頼者は、大叔母からの執拗な連絡に精神的に参ってしまっていたため、弁護士に相談することを勧め、弁護士に委任することを理由に司法書士との対応もやめることにしていただきました。

大叔母からの依頼者への要求は、弁護士から電話を一本入れただけで終わりました。弁護士あてに数回電話や手紙が届いたようですが、依頼者への執拗な要求がなくなり、依頼者は、精神的にも落ち着きを取り戻し、あとは相続の手続をするだけと思っていましたところ、新たな課題を聞かされることになりました。

2 2件の相続が同時に発生

依頼者から細かい事情を伺うと、依頼者の父も同時期に亡くなっていたのです（父は平成24年10月1日、叔父は平成24年10月25日。**図1－10相関図**参照）。

叔父は生涯独身で、子どももおらず、両親もいないため、唯一の兄弟である父が法定相続人となりますが、叔父が亡くなる前に、父が亡くなっていたことから、叔父の財産は、父の代襲相続人となる、依頼者と依頼者の姉となりました。

父と叔父は、母親が異なるため関係が悪く、祖父が亡くなったときに、父が、全財産を継母と叔父に相続させる分割協議書に捺印した経緯もあり、依頼者は、叔父の財産は相続できないと思い込んでいたようでした。祖父のときに相続を受け取らないとしたとしても、その財産を相続した叔父の相続財産を相続できないということはありません。

図 1-10 相関図

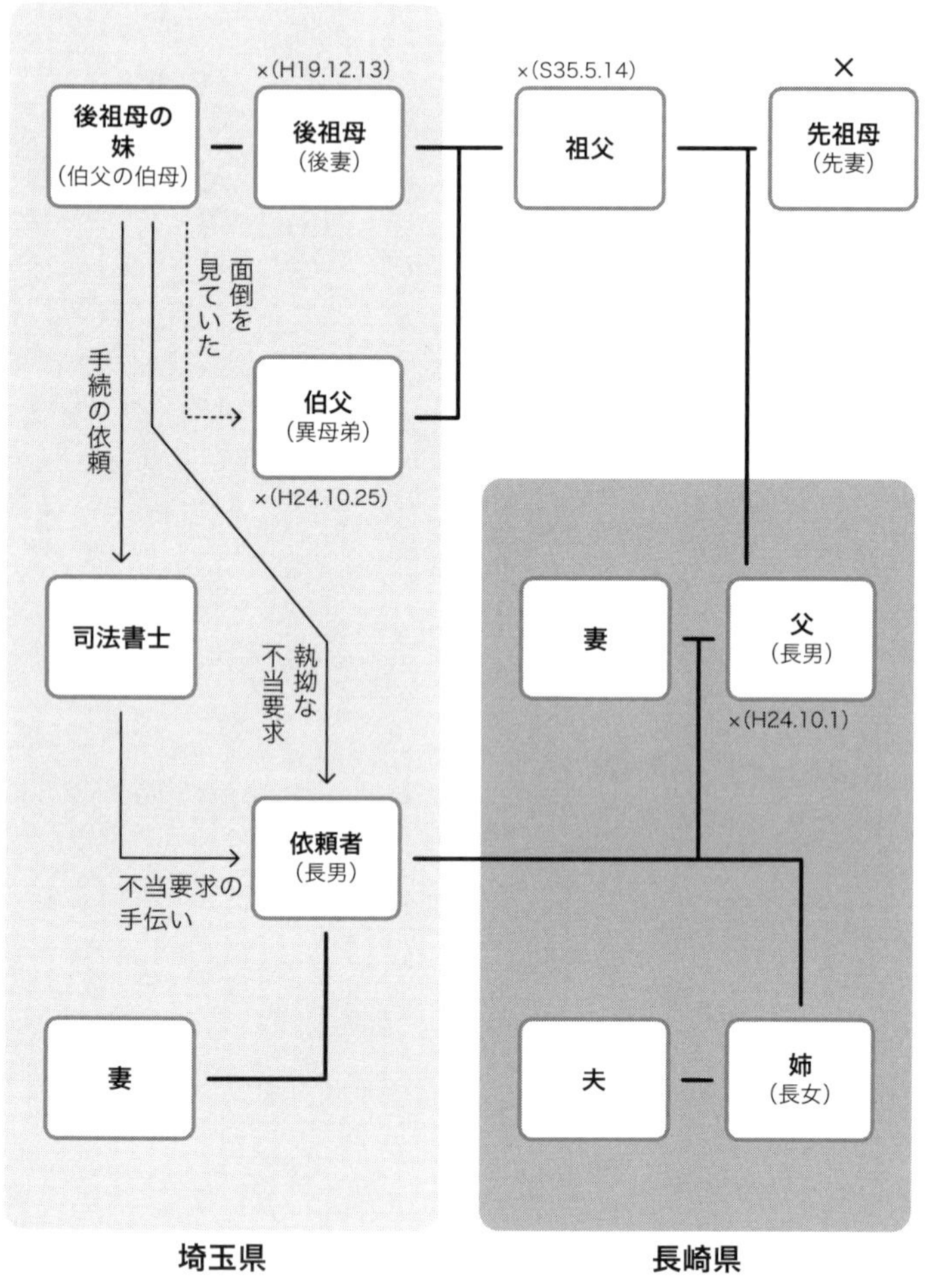

×(H19.12.13)
×(S35.5.14)
×
後祖母の妹
(伯父の伯母)
後祖母
(後妻)
祖父
先祖母
(先妻)
面倒を見ていた
手続の依頼
伯父
(異母弟)
×(H24.10.25)
司法書士
執拗な不当要求
妻
父
(長男)
×(H24.10.1)
依頼者
(長男)
不当要求の手伝い
妻
夫
姉
(長女)
埼玉県
長崎県

私が、相談を受けたのが平成25年1月でしたから、相続税の申告期限までの8ヶ月で、父と叔父の財産分割協議を整えなければなりませんでした。

3 分割協議に欠かせないもの

依頼者は、埼玉県に自宅を所有しながらも、愛知県に単身赴任。母と姉家族は、長崎県の実家に母が一人暮らし、姉は実家の近くの父所有地に建物を建て居住していました。

父と叔父の財産をどのように分けるか？　という分割協議を家族と行うことになった依頼者は、母や姉と、今後のライフプランについて、話し合わなければなりませんでした。

依頼者は長男であるものの、長崎県に帰る考えはありませんでしたが、長崎県の母や姉は長男なのだから、長崎県に帰ってもらいたいと希望していたようです。

このように、家族間での、思惑が異なると感情的になるケースもあり、分割協議の話まで及ばないことがあります。

長男が帰って来ないなら、お墓を誰が守るのか？　実家はどうするのか？　高齢の母の面倒は誰が見るのか？　費用負担はどうするのか？　といったことを決めていかなければなりません。

ところが、このような話し合いを家族間で行うと、個々の事情や思惑期待が絡みあい、兄弟や親子間で、紛争に近い喧嘩が始まってしまうことがあります。

また、遠距離間での話し合いは、原則、電話での話し合いになるのですが、電話で感情的になると、会話が成立せずに、協議が継続できないということになります。そのようなときに有効なツールが、協議内容を可視化させた書類です。会話が成立しない要因の一つに、相互の情報格差があります。

相続でいえば、法律や税務、そして不動産財産の評価方法等です。特に、不動産の評価は一般の方では、提示された評価が正しいのか否かが判断できません。それは、判断基準となる前提知識や情報が極端に少ないからです。

このような、前提知識や各情報を末尾参考資料『合同分割協議案』のような書類にまとめることで、情報格差が減少し、協議がスムーズにいくことがあります。また、遠距離で電話会議を行うときは、書類を確認しながら話し合うことで、論点がずれることや飛躍することが少なくなります。

また、協議の進捗と共に、書類の内容も変化させることで、協議内容を振り返ることができるため、後のトラブルが少なくなります。特に重要なのは、作業工程を作ることで、申告納税という期限から逆算して作業を組み立てておかなければ、期限ぎりぎりで無理やり合意をさせることにつながります。すると、協議決裂や、遺恨ある合意結果になりかねません。

ですから、大枠のスケジュールを伝え、協議回数も複数回計画し、その計画に沿って協議を行っていただきます。特に書類が届くまでの時間や、協議日程のすり合わせを安易に考えると、協議回数が減ってしまいますので注意が必要です。


今回の電話による分割協議会は、4回のやり取りで合意しました。当事者間で話し合い、会議のなかで生じた疑問や要望は、都度書類を改訂しながら確認をとることで、誤解や不信感をなくし、スムーズに話し合いを終了しました。

どんなに、仲の良い家族でも1回で終了することはありません。会議の場で気が付かなくとも、落ち着いてゆっくり考えると、さまざまな疑問や要望が湧いてきます。

その「落ち着いてゆっくり考える」時間を経ないで物事を決定すると、後にトラブルが生じます。また、「落ち着いてゆっくり考える」には、個々の記憶に頼らず、記録を確認すると共に、前提条件となる情報をしっかり確認できなければなりません。

これは、会社の会議などでも当然に利用されている方法です。

4 専門家の役割

相続対策には多くの専門家の協力が不可欠です。

弁護士、税理士、司法書士が一般の方のイメージする相続の専門家だと思います。

しかし、これらの専門家を統括し、総合的な判断を提案できる専門家がいないという課題があります。

そもそも、専門的な分野がわからないために、各専門家に相談するにもかかわらず、各専門家から提示されたものを組み合わせて、総合的に判断することが、一般の方にできるのでしょうか？　経営者が各専門家の意見を聴取し、自身の責任において総合的判断をすることはありますが、一般の方ができるとは思えません。

ですから、相続対策という新規プロジェクトのリーダーとなって、各専門家の力を借りてプロジェクトを進め、一般の方が判断できるようなサポートをする者が必要です。

ここで重要なのは、企画立案のみで終わるコンサルティングや法律や手法を語るだけの評論家や学者タイプの方は、相続対策のプロジェクトリーダーには向いていません。依頼者自身が中心となって実行できる依頼者はいません。実際に「実行」させていくことができる者が中心となるべきだからです。

人間同士の関わり合いは、感情にも配慮できる者が中心になる必要があります。依頼者は、理路整然と問題点をまとめ、専門家に相談することはほとんどありません。どちらかといえば、感情的に相談することのほうが多いのではないでしょうか。

感情的になる要因は、自分では情報が得られず、判断できないことから湧き上がる「不安」です。

このような、依頼者の感情や想いを理解しながら、①感情や想いに適した対応と手法の提案と、②感情や想いを除外した事実（法律、税務等）と金銭面の損得等を提案する必要があるのです。確かに、弁護士、税理士、司法書士、行政書士がその役割を担うこともありますが、私は、このような課題を解消するために活動するのが、公認　不動産コンサルティングマスター相続対策専門士であるべきだと思っています。

なぜなら、公認　不動産コンサルティングマスター相続対策専門士は、相続財産の過半を占める不動産の専門家であると共に、各専門家の深い知識には及ばないものの、法律、税務、登記、建築、不動産と幅広い知識と経験を持ち、依頼者と専門家をつなぐコミュニケーション能力と対策方法を解りやすく提案するプレゼン能力を備える専門家だからです。

すでにお伝えした、分割協議を円滑に進ませるための書類の作成などは、相続対策専門士の重要な役割です。

また、私は企業のリーダーシップやチームワークの構築に不可欠な、ファシリテーターの技能認定を受けています（ファシリテーターは、チーム等の意見合意の促進者となる役割で、説得や交渉はいたしません）。

5 二次相続対策の注意点

二次対策とは一般的に、ご主人が亡くなった（一次相続）ときと、奥様が亡くなった（二次相続）ときの合計納税額や手間を少なくすることを目的としています。

一次相続時は、奥様の配偶者特別控除の効果で、納税額の合計は少ないものの、二次相続では基礎控除が主となるため、納税額の合計は大きくなります。

そのため、一次相続の時に、一定の財産を子どもや孫に相続させます。

しかし、この手法には大きく欠如していることがあります。そもそも、ご主人の財産は、ご主人だけで築いた財産なのか？　ということです。確かに名義はご主人ですが、一般的にはご主人が収入を得ることができたのは、奥様が日々支えてきたからです。ですから、一次相続には配偶者特別控除という特典があります。

ところが、簡単に言えば、労せず財産を受け取る者が、さらに手取り財産を増やす（納税額を減らす）ためや、二次相続の手続を簡便にするために、奥様が当然得る財産を子どもたちに相続させてしまうのです。

この二次相続対策は、親の意思で行うのであれば良いと思いますが、子どもたちから、二次相続対策を提案するのは、道理から外れたことだと私は思います。現金や個別の不動産を二次相続対策といって、奥様を飛ばして財産を移転させることは、奥様に対しての配慮が欠けた行為だからです。

特に専門家の中には、このような配慮ができない者も多くいます。合理的なことのみしか考えられないのです。配慮なき安易な提案や、子どもたちに「財産をもらって当たり前」という感謝の気持ちがないと、奥様が不愉快な気持ちになり、親子間での相続争いになります。

今回は、長崎県と埼玉県で姉弟が生活するという事情に合わせた財産分割を行うため、長崎県にいる不動産はお母さまと姉、埼玉県と東京都にある不動産は弟（依頼者）とし、現金は双方の財産の合計が均等になるように調整し提案したところ、依頼者と姉から、二次相続対策として母が相続する不動産名義も一気に姉名義にしたいと相談がありました。

私は、「手法としては間違っていないが、自分たちが労せずもらえる財産の手続の手間すら面倒だというのはいかがなものか。その財産をお父様と一緒に築いたお母さまの意思でなければ勧められない」と回答しましたところ、お母さまから「子どものために少しでも手間を軽減してあげたい」とのお手紙が届いたことから、長崎の不動産名義はすべて姉とすることにしました（逆にお母さまに気を使わせたかもしれません）。

6 不動産の評価

今回の分割協議で最も悩んだのが、長崎県の不動産評価です。

正直言えば、駅からも遠く、周りには田畑が多い地域の宅地ですから、路線価や固定資産税の評価額以下でも売れないと想定できたからです。

都心部では、実際の取引価格は、固定資産税評価や路線価よりも高くなりますが、地方では、土地の価値が限りなくゼロに近い地域も存在します。土地の価格は、需要と供給のバランスで決定しますので、需要がなければ価値は下がります。

原則、分割協議の不動産価値は、実勢評価となりますが、地方の不動産が含まれる場合は、実勢価格が適正に算出できない場合があります。

そのようなときは、事情を話して、「固定資産税評価」等を活用して分割協議の調整を取るときがあります。今回は、固定資産税評価を基準として調整案を提示し、合意に至りました。

実際に需要がないからといって、「ゼロ」評価とすると、一般の方の心情からすれば「不動産の評価がゼロだとしても、使えるじゃないか」という考えになるからです。このようなときは、相続人同士の合意があればどのような評価方法を採用しても良いと考え、事情を伝え、双方が納得できるように調整案を提示することができることも、プロジェクトリーダーとしての重要な能力です。

7 トラブル回避の方法

今回の依頼者とは、分割協議が終わり、納税申告が完了した時点で業務を終了させていただきました。

相続対策のコンサルティングを行っていて、「もめそうだな」「トラブルが起きそうだな」とわかるときがあります。それは、相続人が相続財産を貰うことに「感謝」の気持ちがないとき、もしくは、親や先祖に対しての「感謝」がないときです。それは、公認　不動産コンサルティングマスターに対しても同様です。

今回の依頼者はそのような方だったのです。「父（長崎）の祭祀継承者にはなりたくないが、叔父（東京芝公園）の祭祀継承者にはなっても良い」と言われていました。理由は、「芝公園の墓なら便利だから」とのことです。

すなわち「面倒な父の墓は継承しないが、便利な叔父の墓を継承する」ということです。

また、「将来母が亡くなったときの相続手続が面倒だから、長崎県の母名義の不動産に関する相続が簡単に終わるようにしてもらいたい」とのことで、相続前に自分の相続分を放棄する「遺留分の放棄」手続方法をお伝えしました。

依頼者は、常に「自分が面倒なことはしたくない」ということを言われていました。

二次対策の注意点でも、お伝えしましたが、お母さまへの配慮もなく、自身が相続する財産（数千万円）に対する感謝の気持ちを述べることは一度もありませんでした。

最後には、「知人の紹介だから金銭ではなく、知人に宣伝することでいいだろう」と、報酬を支払う約束を反故にしてきたため、当初、大叔母の対応を依頼した弁護士に間に入ってもらい、解決していただく事態になりました。

風の便りで、相続した不動産は売却し、腕時計が大変高価なブランド時計に変わったとのことですが、その他のことはどのようになっているかは、私はわかりません。しかし、依頼者は離婚歴があり再婚しています。離婚した妻との間に実子がいることから、依頼者が亡くなったときは、その実子と再婚相手の妻が相続することになります。

不幸を願うことはしませんが、感覚的には「トラブルになるのだろうな」と思っています。

科学的、論理的な根拠はありませんが、このような考えの方や家族の方の相続はトラブルが多いのです。

『争族』という、相続トラブルが増えています。

どんなに有能な弁護士や公認　不動産コンサルティングマスターが対応しても、当人の考え方が自己中心的であればまとまりません。

どの方法が適正なのかも千差万別で確定的にはお伝えできませんが、当人がお金や財産だけでなく、親や先祖の意思も適切に継承し、先人の努力の上に自分が生かされていると理解できれば、相続人間でのトラブルは起きないのではないかと、私は考えます。

会社紹介

其の二

「家族信託」長寿社会に対応した不動産相続対策

株式会社湘南財産パートナーズ

代表取締役 **加瀬 義明**

社　名　株式会社湘南財産パートナーズ

住　所　〒251-0025　神奈川県藤沢市鵠沼石上2-5-1カサハラビル藤沢3階

電　話　0466-90-3891　FAX：0466-90-3892

HPアドレス　http://www.shonanzaisan.net

所属団体　公益社団法人　全国宅地建物取引業協会連合会

NPO法人　湘南不動産コンサルティング協会

一般社団法人　IREM　JAPAN

一般社団法人　家族信託普及協会

プロフィール

加《か》瀬《せ》義明《よしあき》

生年月日　1967年２月生まれ

出 身 地　神奈川県茅ケ崎市

最終学歴　明治大学法学部法律学科卒業（1989年卒業）

職　　歴　大学卒業後地方銀行に入行、その後議員秘書を経て不動産業社に20年勤務し、2014年に独立して株式会社湘南財産パートナーズを設立。

資　　格
・宅地建物取引士
・公認　不動産コンサルティングマスター
　同 相続対策専門士
・１級ファイナンシャル・プランニング技能士
・ファイナンシャル・プランナー（CFP®）
・米国公認不動産経営管理士（CPM®）
・米国公認商業用不動産投資顧問（CCIM®）
・マンション管理士　・賃貸不動産経営管理士
・相続アドバイザー®（上級）・住宅ローンアドバイザー
・２級建築施工管理技士　・家族信託コーディネーター
・終活カウンセラー　・損害保険募集人資格

所属団体
・一般社団法人　IREM JAPAN（理事）
・一般社団法人　CCIM JAPAN（理事）
・NPO法人 湘南不動産コンサルティング協会(専務理事)
・NPO 法人　神奈川空家管理組合（理事）
・NPO 法人 日本ファイナンシャル・プランナーズ協会
・NPO 法人　相続アドバイザー協議会
・一般社団法人　家族信託普及協会
・茅ヶ崎ロータリークラブ

好きな言葉　「譲り合いと分かち合い」

そ の 他　相続対策や不動産の活用対策を得意とし、不動産コンサルティングマスターとしてハウスメーカーや各種団体等でセミナー講師も多く務め、お客様の不動産価値を最大化することをモットーに仕事をしております。また、過去に不動産の事前調査をしていなかったために相続時に大きな支障をきたした方々に接する機会が多かったため、不動産所有者の方々に、将来の相続対策のためには不動産の事前調査がいかに大切かを説き続け、著者に「『相続破産』を回避する地主の生前対策」（幻冬舎）がある。

1　2025年には65歳以上の5人に1人が認知症に？

図2－1の表にあるとおり、日本の平均寿命は、男性が80・79歳、女性が87・05歳で、男女ともに過去最高を更新しています（２０１６年7月に厚生労働省で発表）。つまりどんどん長生きできる時代になっています。

しかし、平均寿命とは別に「健康寿命」と呼ばれている寿命があります。これは自立した生活ができるという意味の年齢で、男性の平均が71・19歳、女性の平均が74・２１歳という統計になっています。つまり皆さんが最後の最後まで判断能力を失わずにいるかというと、晩年は認知症になってしまい、意思能力を喪失してしまうということも十分ありえるということを意味します。

台詞を覚えるのを職業としているような俳優さんでさえ、認知症を患ってしまうというニュースも、昨今では珍しくなくなってきているのではないでしょうか。

厚生労働省の発表によれば、全国で認知症を患う人の数が２０２５年には７００万人を超えると推測しています。これは65歳以上の高齢者のうち、５人に１人が認知症に罹患す

図 2-1 平均寿命の年次推移

和暦	男	女	男女差
昭和22年	50.06	53.96	3.90
25-27	59.57	62.97	3.40
30	63.60	67.75	4.15
35	65.32	70.19	4.87
40	67.74	72.92	5.18
45	69.31	74.66	5.35
50	71.73	76.89	5.16
55	73.35	78.76	5.41
60	74.78	80.48	5.70
平成2	75.92	81.90	5.98
7	76.38	82.85	6.47
12	77.72	84.60	6.88
17	78.56	85.52	6.96
22	79.55	86.30	6.75
23	79.44	85.90	6.46
24	79.94	86.41	6.47
25	80.21	86.61	6.40
26	80.50	86.83	6.33
27	80.79	87.05	6.26

出典:厚生労働省「簡易生命表」

る計算になるそうです。２０１２年の時点では全国に約４６２万人と推計されており、約10年で１・５倍に増える見通しです。

2 意思能力をなくしたら法律行為ができません

認知症の症状が進みますと、意思能力が無いものと判断され、法律行為ができなくなってしまいます。

ときどき、認知症の父に代わって息子さんが、父の所有している賃貸アパートの入居希望者との賃貸借契約を代わりに行うという話を聞きますが、「代わりに行う」ということは「代理行為」であり、代理行為の前提として、お父様が息子さんに契約事務を「委任」するという法律行為が必要になります。しかし、認知症のお父様にはこの委任という法律行為もできないものと判断されて、賃貸借契約自体が無効になってしまう恐れがあります。

3 法定後見制度

判断能力を無くしてしまったお父様に代わり、法律行為を代理してもらう制度として「法定後見制度」というものがあります。

判断能力を無くしてしまったお父様のために、家庭裁判所で「成年後見人」を指定してもらい、成年後見人がお父様に代わって法律行為を行うことになります。

ここで成年後見人に親族が選任されれば良いのですが、最近では資産があると成年後見人には親族が選任されず、弁護士や司法書士等の法律専門家が家庭裁判所によって選任されるケースが多くなっています。

その結果、お父様の財産管理を他人に費用を支払って行ってもらわなければならなくなってしまうことがあり得るのです。

成年後見人の権限を簡単に列挙します。

- 財産管理
- 法律行為の代理（本人がした契約行為の同意・取消権もある）

・身上監護（介護サービスや施設への入所に関する契約締結等）

つまり、成年後見人はお父様の財産を適切に管理するのが仕事であるので、一般的には現状維持が中心になり、家族が将来の相続対策を考えてさまざまな有効活用をしたいと思っても、事前に資金の支出が大きいとなれば、後見人の了解を得るのは難しくなってしまうことが多々あります。後見人は、ご本人（今回の場合はお父様）の利益のために財産を管理するのであって、将来の相続人（家族）のために財産を管理するのではないからです。

ですから、家族が将来の相続対策や相続税節税対策を講じたくても、お父様の不動産に関しては、思い切った対策を講じることができなくなってしまいます。

また、お父様から毎年金銭の贈与を受けていたような場合でも、そのような贈与も受けることができなくなってしまいます。

つまり、ご本人が判断能力を無くしてからですと、法定後見制度を利用するしかご本人の代わりに法律行為をする術が無く、積極的な財産の活用も、親族が金銭の贈与を受けることもできなくなってしまうのです。

4 ご本人が元気なうちなら長寿に備えた準備ができる

①任意後見制度

判断能力を無くしてからでは、法定後見制度を使わざるを得ず、家庭裁判所に親族等ではない第三者を成年後見人に指定されてしまうことがあるのは前述のとおりですが、ご本人が判断能力を失う前であれば、契約によって、将来判断能力を失った後に、ご自身の財産管理や身上監護を託せる親族等を選任しておく方法があります。

その一つが「任意後見制度」です。

これは、ご本人の判断能力が低下する前に身内等に後見人の予定者を選んでおくというもので、実際に判断能力が低下したときに財産管理や身上監護をお願いするという委任契約を、元気なうちに締結しておくというものです。

法定後見制度は家庭裁判所が後見人を選ぶのに対し、任意後見制度では、ご本人が自ら指定して、引き受けてくれる親族や信頼できる人に確実に後見人をお願いできるというメリットがあります。

任意後見契約書は、公正証書で作成する必要があります。契約なので当然にご本人に意思能力があり、契約の内容を理解できる状態にあることが要求されます。ですから認知症が進んでしまってからでは、任意後見契約を締結することはできなくなってしまうのです。

契約の効力を発生させるには、ご本人の判断能力が低下したときに、ご本人、配偶者、四親等以内の親族または任意後見受任者が家庭裁判所に申し立てる必要があります。ただし、その際には家庭裁判所が、任意後見人の仕事を監督する「任意後見監督人」を選任することになります。

任意後見契約の効力が発生してから任意後見人は、ご本人と契約した契約内容に沿って、ご本人のために財産管理や身上監護の事務を、ご本人に代理して行うことになります。そして、それらの行為を任意後見監督人を通じて家庭裁判所が監督することとなるのです。

しかし、任意後見制度でもご本人を守れない限界があります。それは任意後見人は成年後見人と違って、ご本人がした契約などの法律行為について、取消権がないからです。

たとえば、ご本人が訪問販売等で高額な商品を買ったり、リスクの高い投資商品に金銭を投じてしまったとしても、任意後見人は取り消すことができません。ですからご本人が

図 2-2 成年後見制度の利用者数の推移

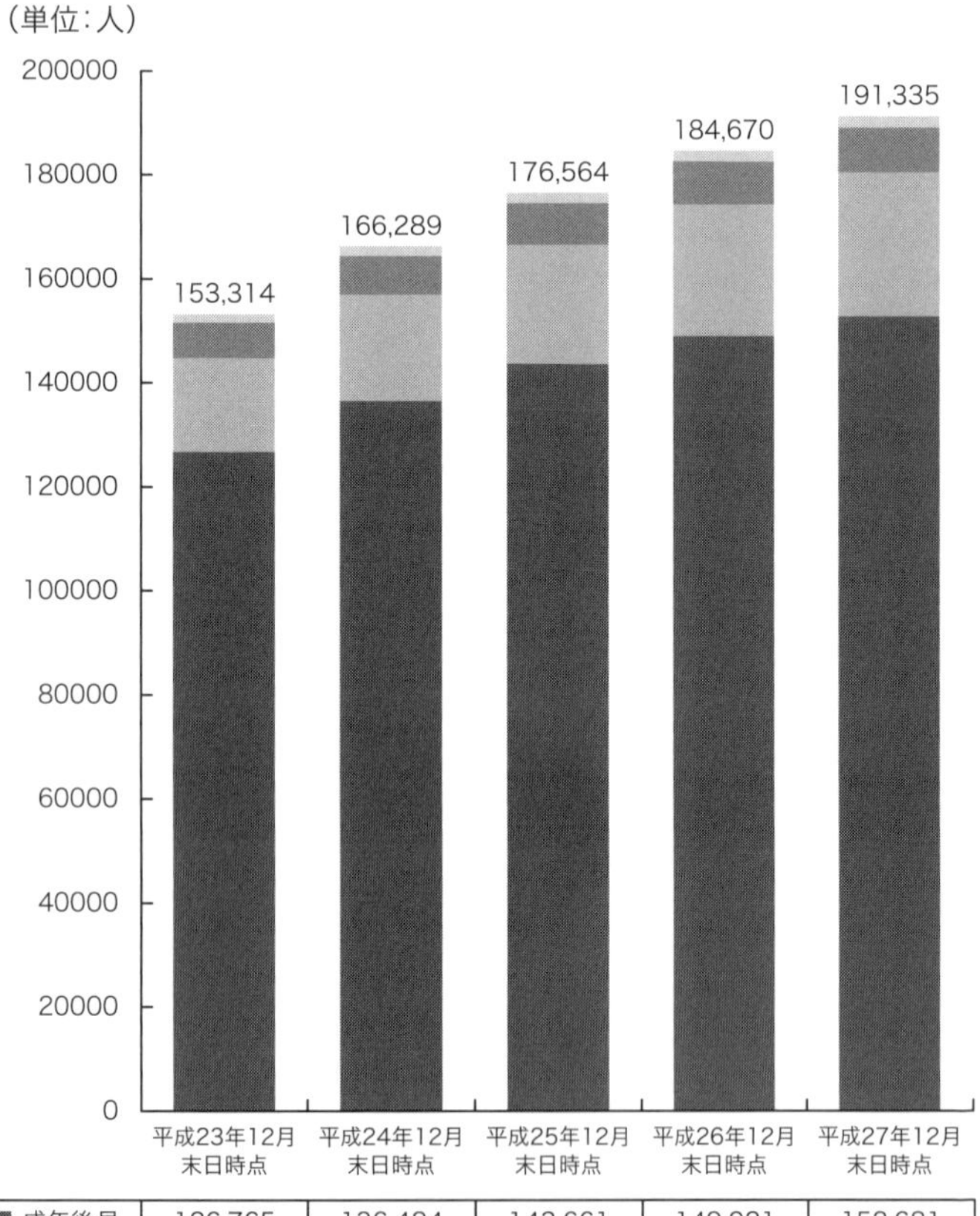

成年後見	126,765	136,484	143,661	149,021	152,681
保佐	17,917	20,429	22,891	25,189	27,655
補助	6,930	7,508	8,013	8,341	8,754
任意後見	1,702	1,868	1,999	2,119	2,245
計	153,314	166,289	176,564	184,670	191,335

出典：内閣府成年後見制度利用促進委員会事務局資料

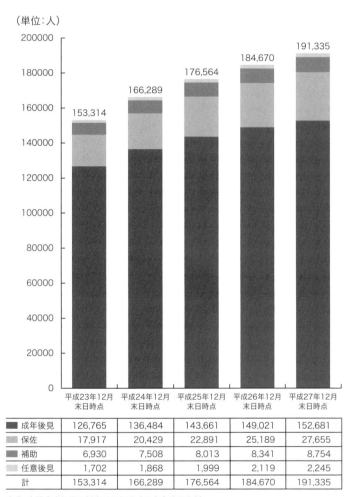

悪徳商法の餌食になってしまう可能性もあるのです。また、法定後見制度と同じく、ご本人の財産を使って任意後見人が投資を行ったり、将来の相続対策のために不動産を買い換えたり、節税対策を行うというようなこともできません。

それでも、ご本人の判断能力喪失後にご本人に代理して所有不動産の賃貸借契約を代理したり、賃料を受領したりできるということに関しては、とてもメリットのある制度です。

しかしこのような成年後見制度も、実際のところはあまり利用されていないのが実情です。その中でも法定後見の利用が一番多いのですが、実際のところ、ご本人の預貯金の引き出しや解約、介護施設との契約等で相手方から法定後見制度を利用することを促されて行うケースがほとんどで、自発的に親族等が家庭裁判所に法定後見を申し立てるのはわずかです。また、任意後見に関しての利用は極端に少ないのが実情です（**図2－2**参照）。

どちらにしても、後見制度はご本人を守るためにある制度ですから、相続対策や節税対策を考えたい親族にとっては融通の利かない制度であり、また、ご本人のために必要になったとしても、家庭裁判所に申し立ててから成年後見人や後見監督人が選任されるまでの時間が長く、すぐに後見事務を開始できないのも利用が伸びない原因の一つではないかと思われます。

そこで今回ご紹介したいのが、「家族信託」（民事信託ともいう）という仕組みのご紹介です。

②家族信託（民事信託）の概要

家族信託はあくまでも財産管理の一手法なのですが、将来の相続対策や不動産の有効活用、贈与等についてもご本人とご家族の間で取り決めがあれば、それらも契約内容に盛り込んで実現することができる、財産管理に対してかなり融通の利く手段です。

当然、信託は契約行為ですから、ご本人に判断能力があるときでなければ、この制度を利用することはできません。ですから、長生きできる社会だからといって対策を先延ばしにしていては、結果、法定後見制度しか利用できなくなってしまうのは先述のとおりです。

何事も「元気なうちに準備すること」が大切です。

家族信託は信託会社や信託銀行を使わないで、家族間など親しい人間関係で行われる信託のことをいいます。「家族信託」という名称は条文では使われていませんが、２００７年に改正施行された信託法に認められた制度です。

「信託」とは、ある人（＝「委託者」（財産を預ける人）という）が信託契約や遺言などによってその信頼できる個人・法人（＝「受託者」（財産を預かって管理・運用する人）

図 2-3

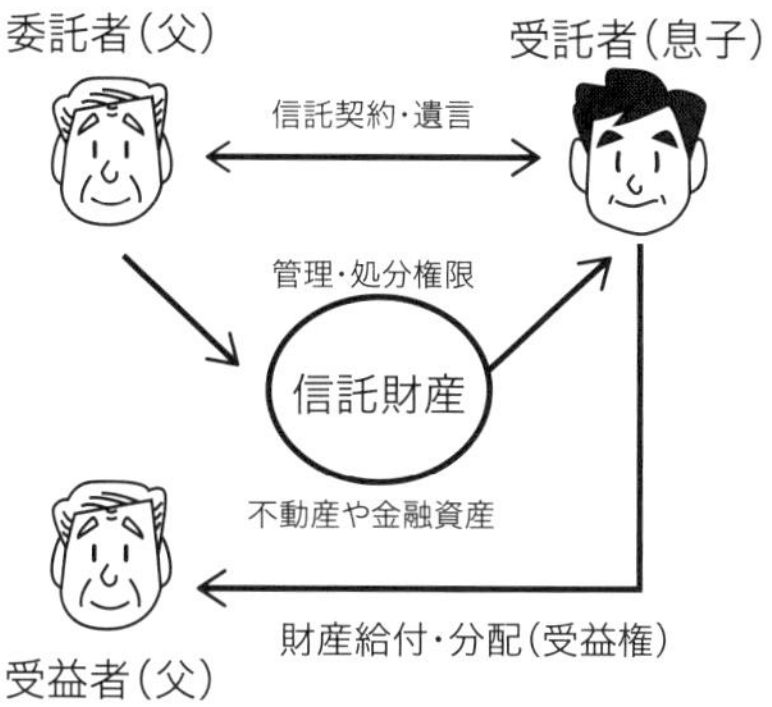

という）に対して財産（不動産や金融資産）を移転し、受託者は委託者が設定した特定の目的（＝「信託目的」という）に従って誰か（「受益者」（財産から得られる利益等の給付を受ける人）という）のためにその財産（＝「信託財産」という）の管理・処分をする仕組みです。

　簡単に表現するならば、「家族信託」とは老後や相続に備えて、信頼できる家族に財産管理を託すことです。

　たとえば父が将来の認知症や介護費用対策、相続対策のために息子に所有しているアパート等の財産の管理を託す場合を想定すると、父が「委託者」になり管理・処分等を託される息子が「受託者」になります。

そしてアパート等が「信託財産」になり、認知症対策や介護費用対策、相続対策が「信託目的」となり、アパート等の適切な運用等によって得られる収入から介護費用や認知症発症後の生活費を得るのは父であるから、父が「受益者」になります。この関係を図に表すと**図2－3**のとおりになります。

「家族信託」は成年後見制度と違い、財産管理・処分など積極的かつ柔軟な財産管理ができるので、資産の組み換えや運用も可能となります。ですから委託者と受託者で締結する信託契約に、相続対策のために資産の組み換えや処分等ができることを、信託目的の一つとして内容に盛り込んでおけば、受託者は相続対策のためにも積極的な資産の組み換えもできることになります。

また、この仕組みは委託者が判断能力を失ってから契約の効力が発動するというものではないので、委託者が元気なうちから受託者に財産を信託して、受託者の管理能力を早くからチェックできるということが可能になります。受託者に浪費癖があったり、管理能力が不足していると委託者が判断すれば、信託契約を解除することも、受託者を解任することも可能になります。

5 信託の設定方法

1 信託契約による場合（信託法3条1項）
2 遺言による場合（信託法3条2項）
3 信託宣言による場合（信託法3条3項）

信託法では、信託の設定方法が3種類あることが明記されています。

本書では1の「信託契約による場合」を紹介させていただきます。誰と誰が契約をするのかというと、委託者と受託者です。

①具体事例1

最近私がお手伝いした家族信託の組成事例を例に、信託契約の流れと特徴について解説させていただきます。

高橋一郎さん（73歳・仮名）が相談に来られ、弟である高橋次郎さん（68歳・仮名）は独身で子どももおらず、現在体調不良で病院に入院していて、最近少し認知症の症状が現れ始め、今は一郎さんが次郎さんの預貯金を代理で銀行から引き出したりして入院の費用等を支払っているが、今後認知症がひどくなった場合に預貯金の管理や、預貯金がなくなってきたときに次郎さんが所有している自宅を売却しなければならなくなるようなことも検討する必要性があり、次郎さんが判断能力を無くしてからも次郎さんに代わって一郎さんがそのようなことまでできるのでしょうか？　というものでした。

次郎さんが判断能力を無くしてしまってからでは、法定後見制度を利用するしかなくなり、家庭裁判所の判断によっては、一郎さんではなく第三者である法律家等が成年後見人に選任されてしまうことがあります。お兄さんとしては、今までも弟さんのために親身になってお世話をしてきたのに、他人に財産の管理を委ねるのは、気持ちが良いとはいえないとのことでした。

また、今の時点なら任意後見契約も締結可能ではありますが、将来弟さんの認知症の症状が進んでから自宅を処分せざるを得ない状況になると、自宅の売却には家庭裁判所の許可が必要になるなど、迅速な対応ができなくなります。そして、法定後見制度であれ任意後見制度であれ、家庭裁判所に申し立てをしてから後見開始ができるようになるまで時間も労力も必要となることから、今回は家族信託の組成を提案させていただきました。

一郎様はとても便利な仕組みであるとすぐにご共感いただき、後日次郎さんの入院している病院に一郎さんとともに赴き、今後の財産管理に関する方法をご説明してご了解を得られたので、家族信託を組成するための不動産コンサルティング業務委託契約を一郎さんと締結させていただきました。

まず、弟さんが委託者となり、お兄さんが受託者となって信託契約を締結することが必要になります。

契約の前に、受託者は委託者の財産を分別管理しなくてはならないので、契約書に明示する信託管理のための専用口座を銀行で作成していただきました。具体的な口座名義は「委託者高橋二郎信託口　受託者高橋一郎」とか「高橋一郎　委託者高橋次郎　信託口」とか金融機関によっては口座名の表示の仕方が異なったりしますが、信託専用の口座であることが第三者から見て確認できることが大切です。なぜなら信託財産は独立性（倒産隔離機能）があり、信託を設定して信託財産を受託者名義に移転した後に、委託者が思いもよらず事業に失敗したとしても、委託者の債権者はその信託財産を差し押さえることはできないし、また受託者のものでもないので、同じく受託者の債権者からも財産を守ることができるため、客観的に信託財産であることが名義上からもわかることが大切だからです。

ただし金融機関によっては、このような信託口等の表示をするような名義の口座を作ってもらえないところもあるので、注意が必要です。私が所属している一般社団法人家族信託普及協会の正規会員であるなら、そういった金融機関の情報にも詳しいでしょう。

信託専用口座を作成してから、具体的な契約内容の作成です。

委託者を高橋次郎さん（弟さん）、受託者を高橋一郎さん（お兄さん）とし、高齢のお兄さんが弟さんよりも先に万一のことがあって受託者としての仕事ができなくなると困るので、一郎さんが万一の時のために、第二受託者として一郎さんの長男の高橋大助さん（46歳・仮名）にも協力をしてもらい、受益者は当然に次郎さんとし、本件信託の目的は、高齢で将来財産の管理処分が困難となる可能性がある受益者（次郎さん）のために、受託者が信託不動産を適切に管理・運用・処分することにより、長期間にわたり安定した資金給付等をすることによって受益者の安定した生活と福祉を確保することとし、信託財産は次郎さんの現在有する預貯金と、次郎さんが神奈川県内に所有する自宅である土地建物としました。

そして、いざというときには受託者の判断で信託財産（不動産）を処分（売却）できるように管理方法も定め、次郎さんがお亡くなりになった時点で信託は終了することとし、その時点で残余財産がある場合は次郎さんの相続人（今回の場合は次郎さんのお兄さんである一郎さんと妹さん）に帰属するということを信託契約書案に盛り込み、詳細は信託登記を担当する司法書士にリーガルチェックをしていただきました。

信託契約は、委託者と受託者が別人の場合（一般的にはこのケースがほとんどですが）、公正証書で作らなければならないという条文はないのですが、少し認知症の症状が出始めた委託者との契約で、後のトラブルを回避するという面からも、公正証書で作成することが望ましいと提案させていただき、公証人に委託者の入院している病院に出張していただき、契約内容を次郎さんに確認していただいて公正証書を作成してもらいました。

不動産は受託者への信託の登記が必要になるので、公正証書作成後すぐに司法書士に信託登記をしてもらい、次郎さんの預貯金は信託専用口座へ移して信託開始となりました。

これで次郎さんの認知症が進んで判断能力を無くしてしまう時が来ても、家庭裁判所の介入を受けることもなく、一郎さんが引き続き次郎さんのために財産管理・処分行為を行うことができるようになりました。

不動産の名義は受託者である一郎さんに移転されますが、財産上の給付を受ける人（受益者）はもとの所有権者である次郎さんであるので、税務上は譲渡所得税も贈与税も不動産取得税も課税されません（信託を原因とする所有権移転費用は必要になりますが、売買による所有権移転費用に比べれば登録免許税は5分の1くらいで済みます）。

ただし、固定資産税は名義上の所有者（一郎さん）が納税義務者になってしまいますので、その分は本来の利益を享受する受益者（次郎さん）の信託財産から支出するというのが実務上の方法になります。

②具体事例2

お母様（75歳）とお嬢様（47歳）がご来社され、「親子で共有している土地（現在月極駐車場として賃貸中）に建築業者が『アパートを建てませんか？』と勧誘によく来るが、トータルして所有している不動産等を今後どうしていったら良いか？」というご相談でした。

不動産はお母様がお一人で暮らしているご自宅と、今回の月極駐車場にしている土地、鉄骨3階建の賃貸マンション1棟を所有しています。ご自宅以外はお母様とお嬢様で2分の1ずつの共有になっています。

立地的にアパートを建築するには、入居者の需要が長期で望めないかもしれない場所であったことと、今の時点で土地の評価を下げるような活用をしなくても、相続税を支払える預貯金をお嬢様が保持されていたので、今回はアパートを建築することを見合わせることとなりました。

いろいろお話をしていると、お母様も今は元気でいるが、将来認知症になってしまうことを心配しているご様子。また、不動産の管理に関しても、最近は煩わしくなってきているとのことで、お嬢様に全部を任せていきたいとのお気持ちがあることがわかりました。

そこで、家族信託というスキームがあることをご説明したら、お母様は「娘が承知してくれるなら、ぜひとも娘に不動産の管理運用処分権限をすべて託して楽になりたい」とおっしゃいました。

同席されていたお嬢様は、お母様のお気持ちをすぐにご理解いただき、「自分でできる内容であれば、母の負担を減らしたい」とすぐにおっしゃっていただいたので、家族信託の設定の準備に入ることとし、不動産コンサルティング業務委託契約を締結させていただきました。

今回のケースでは、お母様を委託者・受益者とし、お嬢様を受託者として、共有で駐車場にしている土地と共有で所有している1棟の賃貸マンションのお母様の持分並びにそれらから入ってくる賃料収入、お母様の預貯金の一部を信託財産とすることにしました。

預貯金全部を信託財産にしなかったのは、お母様はまだ元気で、自分で預貯金や年金収入を自由に引き出して使えるようにしておきたかったからです。

今回も、お嬢様に信託財産を管理する専用口座を作成していただき、公証人によって信託契約を作成し、司法書士に不動産の信託設定登記をしていただいて、賃貸している駐車場とマンションの賃料の集金事務をしている不動産業者に、賃料振込先の変更と賃貸人が受託者であるお嬢様になることを報告し、家族信託の組成が完了しました。

これによって、もし不動産の売却や有効活用の必要が将来生じた場合でも、その時点でお母様が認知症になられていたら、お嬢様は不動産の処分や活用をするために法定後見制度を利用する必要もなく、お嬢様の判断でそれらを実行することができるようになりました。

ちなみに、現在お母様はご自宅でお一人で住んでいて、お嬢様ご家族は、ご実家から数分のところに母と共有で所有している賃貸マンションの一室に住んでいたのですが、ご実家の敷地面積が広く、将来お母様の相続時にそちらで小規模宅地の特例を使ったほうが相続税の節税になることが判明し、お母様とお嬢様家族がご実家で同居することを考えてみることが可能かどうか質問させていただいたところ、お嬢様もお子様たちも日中はご実家で過ごしていることが多く、子どもの学校区も変わらないことから、そろそろ同居しても良い時期かと考えていたとのことで、節税にもなるなら近日中に同居されるとのことになり、将来の相続を考慮した節税対策も講じることができることとなりました。

6　受益者連続信託とは

「信託」には、独特の財産承継機能があります。

ここでは「受益者連続信託」という財産承継機能について説明させていただきます。

「遺言」では自分の相続人への財産の分配方法を指定することができますが、自分の相続人が将来亡くなったあと、その後の財産の承継先までは指定しても無効になってしまいます。

たとえば、本家を守っている長男夫婦に子どもがいなくて、次男夫婦には男女一人ずつの子どもがいるというケースで、本家を守っている長男が亡くなった後、遺言が無ければ今の民法では長男の妻が4分の3。長男の弟が4分の1の法定相続分があることになります。弟さんが相続放棄をしたり、長男が妻に全財産を相続させるという遺言を遺していた場合は、全財産が長男の妻のものになりますが、その後、長男の妻が亡くなったときは、長男の妻が長男の弟に本家の土地建物等を遺贈するという遺言を遺さない限り、長男の妻の兄弟姉妹に本家の全財産が相続されてしまうことになります。

もし長男の想いとして、自分が亡き後は愛する妻がずっと困らないで生活できるようにしてあげたいが、妻が亡くなった後は、本家の土地建物等の財産を弟に承継してもらいたいと考えていて、自分の財産を承継した妻が亡くなったときに長男の弟に相続させるという遺言を遺しても無効となってしまい、そこまでの想いを叶えることができません。

長男が全財産を妻に相続させるという遺言を書くから、妻にも妻が亡くなった後の全財産を亡き夫の弟に遺贈するという遺言を書いてくれと頼んで、妻が書いてくれたとしても、後で妻が翻意して別の遺言書を書いてしまえば、新しい遺言が有効とされるため、先に書いた遺言の効力は無くなってしまいます。

しかし、このようなケースでも「家族信託」というスキームを使えば、長男の思いを叶

図2-4

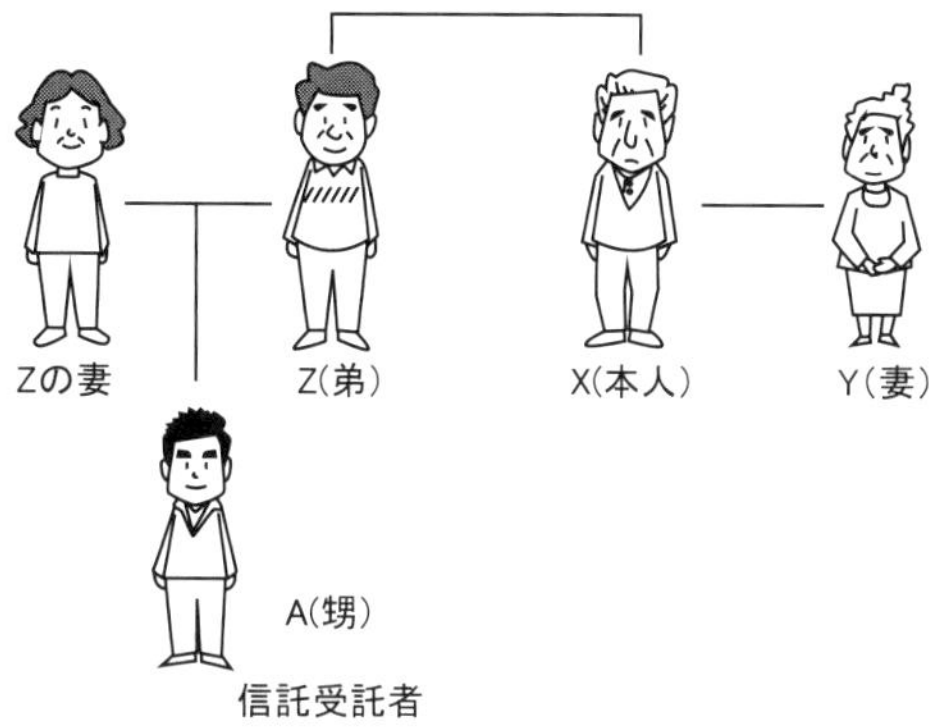

えることも可能となるのです。

先の事例を**図2-4**を使って説明すると、本家を継いでいるXは妻Yとの間に子どもはなく、弟Zには長男Aがいます。Xは、自分が死んだ後には妻Yが最後まで生活に支障がないようにしてあげなければならないと思っているが、妻Yが亡くなった後は、弟Zもしくは弟の長男である甥Aに本家を引き継いで管理していってほしいと思っています。

Xの遺言では二次相続以降の相続人の指定はできませんから、妻であるYが本家の土地建物等を相続した後は、YがZもしくはAに遺贈してくれるような遺言書を準備してくれない限り、本家の財産はすべてY

の兄弟姉妹が相続することになってしまい、Xの思いは実現できなくなってしまうことがあり得ます。

しかし、家族信託の受益者連続信託という財産承継スキームを使うことにより、Xの想いが実現可能になるのです。

この事例の場合、弟Zでも構わないのですが、成人して安定した仕事をしている甥（A）に信託受託者になってもらえるなら、委託者を本人Xとし、受託者をZもしくはAとして、信託財産をXが所有している本家の土地建物と共同住宅ならびに共同住宅から得られる賃料として、当初受益者をX（この場合のXの受益権の内容は、本家の土地建物に住み続ける権利と共同住宅から得られる賃料によって安定した生活を享受できるようにしてもらうこと、万一介護が必要になったときは、施設に入所できるように支出面での面倒を見てもらうこと等）とし、Xが亡くなった後は妻Yが次の受益者となり、受託者の財産管理によってYも亡くなるまで安定した生活ができるようにしてもらうことができるのです。

妻Yが亡くなった時点で信託は終了するものとし、本家の土地建物等や預貯金等の残余財産は、弟Zもしくは甥Aに帰属するものとして、引き続き本家の姓を引き継ぐものに土地建物や墓を守ってもらうことができるようになります。

またXが元気なうちから弟Zもしくは甥Aに信託して、その管理能力の確認や助言も可能になります。その結果、X自身に判断能力がなくなるような日が来ても、財産管理を家庭裁判所に指定された成年後見人にゆだねる必要もなく、受託者も将来自身が引き継ぐときのために、財産をしっかり運用管理することができるようになります。

また、もし受託者の能力に不安を感じることが想定されるなら、ご本人が信頼している弁護士や司法書士、行政書士等の法律家に信託監督人になってもらい、受託者が受益者の利害を侵すような誤った財産管理をしないように監督してもらうことも制度上可能です。

7 最近組成した受益者連続信託を活用した具体事例

竹田絵美さん（54歳・仮名）から、父の秋沢正一さん（82歳・仮名）は身体が不自由になって入院していたのですが、最近医者からアルツハイマーの症状が現れてきたとの診断があり、「父の自宅は鉄骨造4階建ての賃貸併用ビルになっていて、1階に店舗が入居、2階を父夫婦の居宅とし、3階4階に各1LDKの賃貸住居が2戸ずつある構造になっているのですが、今後の賃貸運営にどのように対処したら良いか」とのご相談を承りました。

実際の建物は老朽化も進み、一部雨漏りも発生するなどして、空いている部屋をそのままでは貸せない状況にもなっていました。

建物修繕の見積りをとったところ、最低でも600万円以上かかることが判明し、父の預貯金を取り崩してしまっては、父の療養費と母の生活費に支障をきたしてしまうとのことで、銀行からのリフォーム融資も必要になることがわかりました。

このままアルツハイマーの症状が進行して、家族のことすらわからない状況になってしまうと、当然意思能力も認められなくなり、お父様が融資を受けることも、家族が代理で入居者と契約することもできなくなるので、収益も確保できず、早急に対策を講じないとご両親の生活に支障をきたすことにもなりかねないので、ご家族皆様と法定後見や任意後見制度、家族信託制度について説明と相談をさせていただいた結果、お父様の後にお母様が受益者となることが望ましいということもあり、また、状況によってはビルを売却してその収入でお父様やお母様の生活を守らなければならないこともあるかもしれないとのことで、成年後見制度を使わずに、受益者連続型の家族信託を活用することになりました。

今回は委託者をお父様である秋沢正一さん、受託者を次女である竹田絵美さん、当初受益者をお父様である秋沢正一さん、そしてお父様が亡くなった後にお母様である秋沢幸子さん（82歳・仮名）がご存命中であれば第二受益者となるように設定し、さらに、受託者に万一のことがあってもいけないので、第一受託者が万一信託業務を遂行できなくなった場合に備えて第二受託者に長女の山川貴恵さん（57歳・仮名）になっていただくこととしました。また、受託者が大きな判断をしなければならないときは、常に姉にも相談してもらえるよう、長女の山川貴恵さんには、信託監督人になってもらうこととしました。

信託財産は、神奈川県内にあるお父様所有の賃貸併用住宅の土地建物とお父様の預貯金としました。

なお、お父様とお母様が亡くなった後は、信託を終了し、残余財産は相続人である姉妹に帰属することとしました。

今回は、受託者が建物修繕のための融資を金融機関から受ける必要があることから、信託契約書の作成にあたってはこちらでたたき台を作ってから融資を受けようとしている金融機関にリーガルチェックをしてもらい、金融機関による修正を受けたあと、公証人に内容を伝え、日時を合わせてお父様の入院している病院へ公証人と司法書士をお連れする段取りをとりました。

面会当日、公証人がお父様に公正証書の内容を説明し、お父様からも「よろしくお願いします」という同意を取り付けられたので、お父様は病気でご署名ができないため公証人が代筆という形をとり、無事その場で公正証書が完成しました。

そして司法書士がその公正証書をもとに、速やかに信託登記に入ることができました。

その後は、受託者である次女の方が建物修繕資金の融資を申し込む手続をサポートすることになり、修繕を速やかに終わらせて一日も早く空室の募集に入れるようにすることとなりました。

8 唯一のお子様が障がい者の場合

先の例で委託者が財産の承継先を指定できるお話をさせていただきましたが、もう一つの例として、唯一のお子様が障がい者の場合に信託が活用できる事例をご紹介させていただきます。

唯一のお子様が障がい者の場合、ご両親としましては、ご自分たちが亡き後のお子様の生活の保障や保護に関して不安が尽きないことでしょう。

ご自分で財産管理ができないような障がいをお持ちのお子様を、将来どうやって守っていくのか、そしてそのお子様が亡くなってしまった場合に、残った財産の行方はどうなってしまうのか、重大な問題です。

図2-5

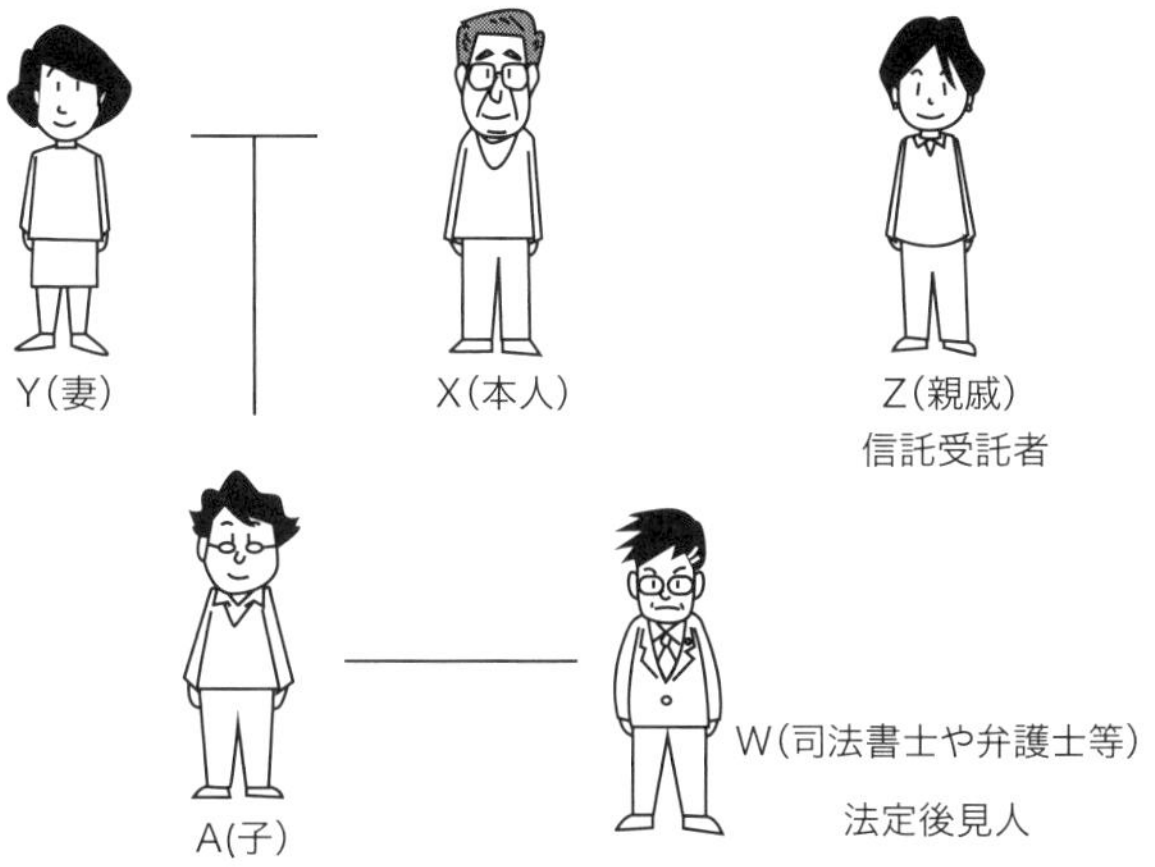

一般的には障がいをお持ちのお子様の法定後見人は、ご両親がなっているケースが多いですが、ご両親亡き後は、家庭裁判所に選任された成年後見人が後を引き継ぐことになるでしょう。また、将来お子様が亡くなった後に遺された財産は、兄弟姉妹のいないお子様がずっと独身であれば、相続人がいないことになり、すべての財産が国庫に帰属してしまうことになるのです。

お子様が障がいで判断能力を有していなければ、遺言も遺すことはできないので、誰かに遺贈することもできないからです。

このようなケースで信託を活用すると、お子様の亡き後の財産の承継先を、委託者であるご両親のお気持ちで指定することが可能になるのです。

図を使ってご説明しますと、ご両親が亡くなったり、認知症になって財産管理ができなくなってからも、障がいを持つお子様の生活を守っていくために、ご両親（X・Y）がご健在なうちに親戚等で任せられる人（Z）を信託受託者とする信託契約を締結しておき、お父様（X）がご自身で財産管理が難しくなってから財産管理を託せるよう準備をしておき、ご両親自身とお子様（A）が受益者になるようにしておきます。そして、ご両親が亡くなってからお子様が亡くなった場合（信託終了時）に残った財産の帰属を、委託者である父（X）がお世話になった信託受託者とお世話になった施設等に分配できるようにしたいと望むなら、信託契約書でそれを指定しておくことで、国庫に帰属させないで済むようにできるのです。

また、一般的には障がいを持つお子様のために、ご両親が成年後見人になっていることが多いと思いますが、あえてご両親がご健在なうちから、知人に弁護士や司法書士の法律家がいれば、その方にお子様の身上監護（介護サービスや入所施設との契約等を行う）をするための成年後見人になってもらい、ご両親と一緒にお子様を守っていただくことにすれば、ご両親に万一のことがあっても、見ず知らずの成年後見人にお子様の身上監護を託さなくても済むようになります。
こうして、財産管理と身上監護を分けてお子様を守っていくことも可能になります。
このように、家族信託を利用することにより、遺言の限界を超えた想いも実現することも可能となるのです。

「家族信託」は他にもさまざまな状況で応用が利く仕組みです。将来の財産管理に不安を覚えることがあるなら、ぜひ一度、専門家から「家族信託」についてのお話を聞いてみられることをお勧めします。

誰に家族信託の話を聞いたら良いのかわからない場合、家族信託（民事信託）の啓蒙を行っている団体がいくつかあります。

私が所属している一般社団法人家族信託普及協会でも、会員の能力向上や情報公開に寄与し、多くの専門家が会員となって日々研鑽しているので、身近な場所の専門家を紹介してくれることでしょう。

会社紹介

其の三

相続不動産対策にはプロフェッショナルチームが必要です

一般社団法人
さいたま幸せ相続相談センター
代表理事 佐藤 良久

住　所　〒330-0846　埼玉県さいたま市大宮区大門町
3-22-3オリオンビル5F
電　話　048-782-8922　FAX:048-782-8921

佐藤良久《さとうよしひさ》

一般社団法人　さいたま幸せ相続相談センター　代表理事
一般社団法人　鎌倉生活総合研究所　理事
GSR コンサルティング株式会社　代表取締役社長
不動産・相続コンサルタント
立教大学大学院修士課程修了（経営学修士）

自己紹介　大学卒業後、東急リバブルに入社。5年間、横浜の営業所にて不動産売買仲介営業に従事。その後、IDEE R–project へ転職。廃校再生プロジェクト（世田谷ものづくり学校）やいまでは多くの方に認知されたリノベーションで一世を風靡していた会社で、リーシングから賃貸管理、経営管理部門での経験を積む。続く不動産ファンドでは、約700億円の私募ファンドのアセットマネジメント等に従事し、相続コンサルティング会社では、300件以上の相続相談に関わらせて頂き、取締役として経営にも携わる。これら業務の中で、営業・マーケティング・経営管理・資産運用というビジネスにとって必要な多くのことを経験し、お客様に喜んで頂くべく現在の業務に生かしている。

実績など　不動産売買仲介300件以上。相続相談対応1000件以上。特に相続は全国での相続コンサルティング経験を持ち、柔軟な対応が可能。共著に、「長女と嫁が相続でやるべき5つのこと」、「37.5歳のいま思う生き方・働き方」、「円満相続を叶える本」がある。

資　格
・宅地建物取引士
・公認不動産コンサルティングマスター相続対策専門士
・ファイナンシャルプランナー
・事業承継 M&A エキスパート
・定期借地借家権プランナー
・心理カウンセリング1級
・コーチング1級
・相続診断士

プロフィール

1 3人寄れば文殊の知恵

私は、1999年に東急リバブル株式会社に入社し、不動産売買仲介の営業職から仕事をスタートさせています。その後は、廃校の再生をはじめ、不動産再生を得意とした企業、不動産ファンドでのアセットマネジメント、相続コンサルティングを経験し、いまは相続・事業承継と不動産にかかるコンサルティング業務を行っています。

一連の仕事のなかで、さまざまな気づきを得てきたのですが、そのなかの一つが、一人ではお客様の問題を解決するのが難しいということでした。もちろん解決できたことは多々あります。しかし、本当に経済合理性の高い解決方法だったのか？ 感情的な部分がおろそかになっていなかったか？ と考えてしまうところはあります。よくよく考えると、事案のなかでも先輩、後輩、同僚、士業の方々に相談しながら進めた事案のほうが、結果としてお客様に喜んでいただいたことが多かったように思えました。

さて、冒頭にあることわざは有名ですが、実際の現場で多くの経験を得るなかで、相続問題の解決は、実践を通して仲間たちと切磋琢磨して知恵を出し合い解決することが有効であることがわかってきました。その経験から私は、相続や不動産にかかる問題や対策を練るときは積極的に仲間たちに力を借りることにしました。

2　相続対策専門士こそ取り纏め役として最適

私は相続対策専門士です。相続対策専門士は、「公認　不動産コンサルティングマスター」※の中で、公益財団法人　不動産流通推進センターが実施する相続対策に関する専門的な講座を受講し、修了試験に合格した者だけが名乗ることができる資格です。

この資格に出会えたことで一緒に仕事をする素晴らしい方と出会ったり、この本が生み出されたりと良いことばかり起こったのですが、私自身、この資格が推奨する活動に強く賛同しています。

お客様はひとりひとり複雑な問題を抱えて悩まれています。1＋1＝2のような簡単な数式で回答できるような相続と不動産にかかる問題は、あまりありません。このような複雑な問題解決には、ありきたりのスキルだけでは太刀打ちできません。不動産・建築関連の知識だけでなく、法務・税務・保険・経済・金融等の幅広い知識をもって、さまざまな

図3-1　相続問題には幅広い知識が必要

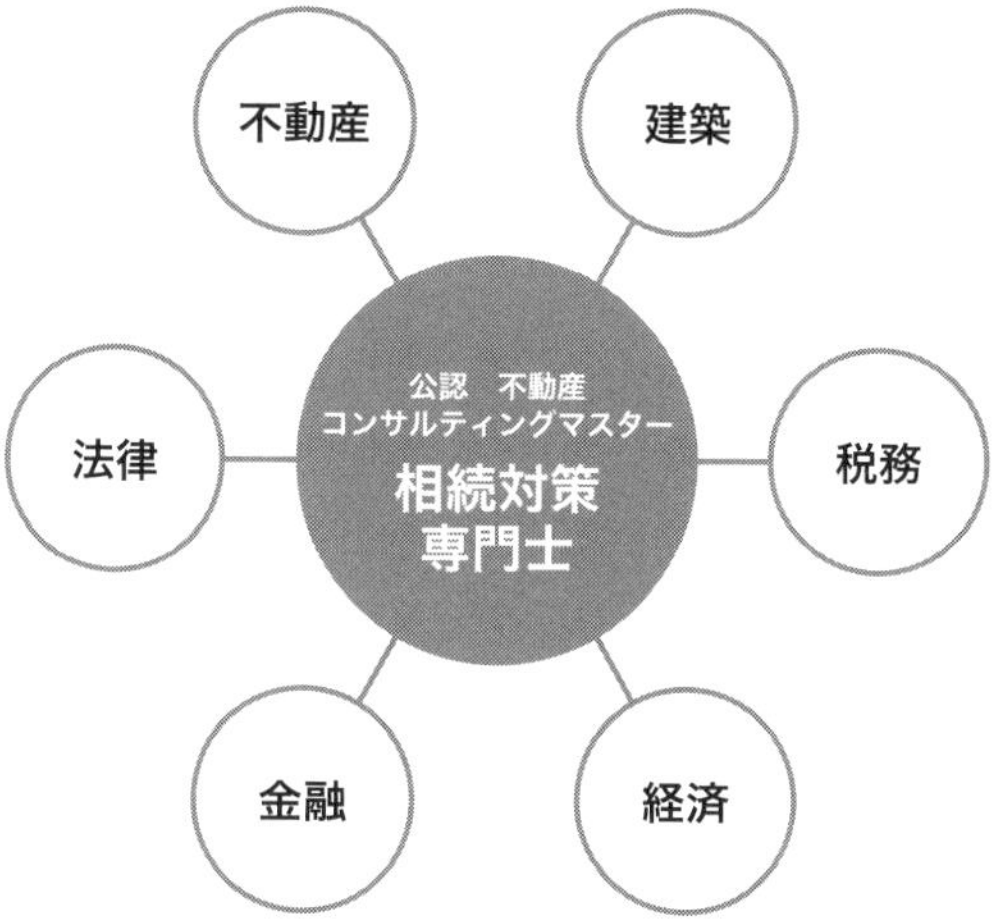

角度から提案ができるスキルが求められています。それができるのが相続対策専門士なのです。

※公認　不動産コンサルティングマスターとは、国土交通省に登録を行った公益財団法人　不動産流通推進センター（以下、「センター」という）が、不動産コンサルティングに関する試験を行い、合格者の登録申請に基づいて「公認　不動産コンサルティングマスター」として、センターが認定し、不動産コンサルティングに関する一定水準の知識および技能を有していることを証明した者。

3 チームで対応したほうが良い理由

さきほど、相続対策専門士は幅広い知識をもっていると述べました。それならば、相続対策専門士が一人いればどんなことでも解決できるではないか？　と思われる方もいるかと思います。しかし、残念ながら一人では問題解決が難しいことが多々あります。

天才的な人であれば、本当に一人で問題を解決できてしまうかもしれません。しかし、そんな人はそうそう多くいません。会社は、一人では達成困難な目的をみんなで達成する仕組みでもありますが、相続不動産問題解決チームはそれに似ています。

たとえば、とある事案のなかで測量が必要になるとします。測量については相続対策専門士でなくても知っている人が多いですが、実際にその作業は測量士や土地家屋調査士でないとできません。登記や交渉もそうでしょう。知っていてもできないことは多くあります。情報を共有しながらチームで進めることで、単独では気づかなかったことに気づくことがあるかもしれない。そんな効果もチームにはあったりします。

図3-2 専門家チームでお客様をトータルサポート

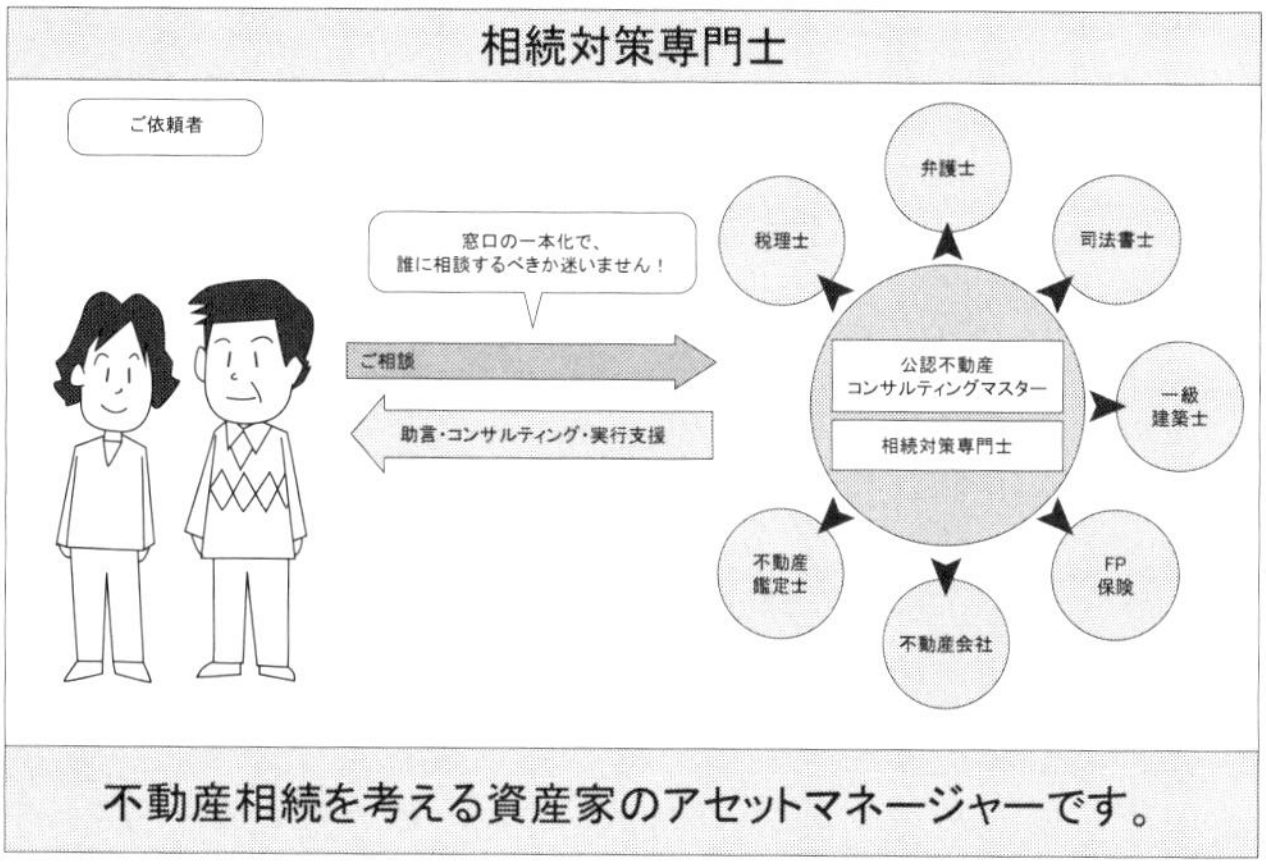

相続対策専門士がいるチームは、その相続業務のすべてを把握し、時にはお客様の代わりとなってすべての相続手続をサポートします。だからこそ相続と不動産を熟知している相続対策専門士がその高度なネットワーク力をもって、そのお客様に合ったチームを組成していくのが一番効率的なやり方であるといえます。

ここで相続チームでの成功例をあげてみましょう。

4 ケース1　妻の事故にともない相続手続を行ったAさん

【ご家族の状況】

○依頼者　　Aさん（男性・50歳代）・職業　会社員

○家族関係　　妻、息子

【相談内容】

Aさんはメーカーに二十数年勤めています。専業主婦の妻と高校生の息子がいて、幸せな生活を過ごしていました。それがある日、妻が買い物の帰り道において交通事故に巻き込まれてしまいました。病院での対応もむなしく、妻は残念ながら戻らぬひとになってしまったのです。悲しむ暇もなく途方にくれるAさん。高校生の息子はこれからの大学受験にそなえ大変な時期でもあります。Aさんは仕事もあり、息子の面倒もみており相続手続どころではありませんでした。そこでホームページを見て私にご相談に来られたのです。

今後の生活までサポートする仕組みを提案する

図3-3　妻が突然亡くなり大変なことに……

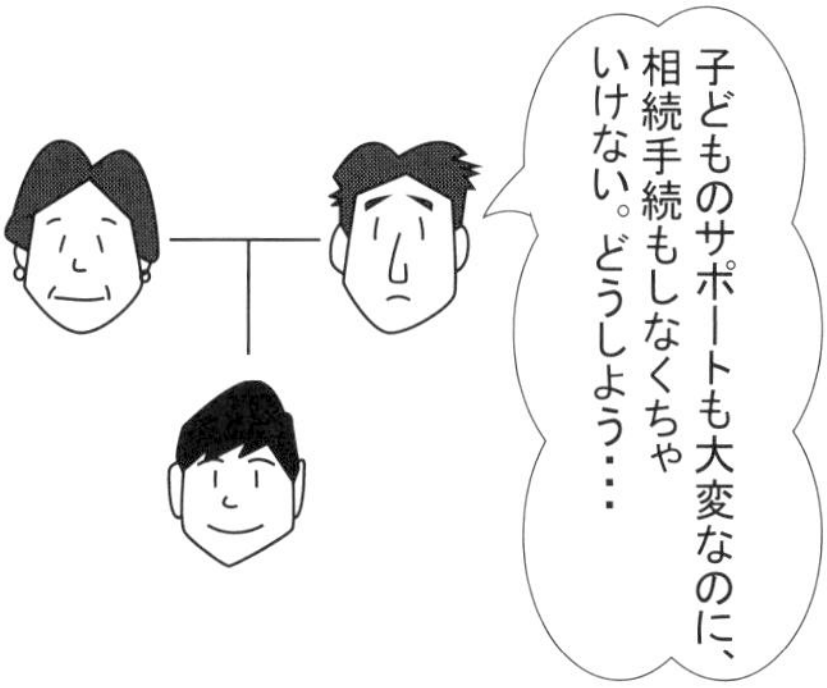
子どものサポートも大変なのに、
相続手続もしなくちゃ
いけない。どうしよう・・・

私は丁寧にお話を伺い、状況を把握させていただき、今後の対応について説明したところ、Aさんはその場で私に依頼をしていただきました。私は税理士、司法書士の3人でチームを組みました。当然ながら期限内で相続手続を終えましたが、そこで私たちの作業は終わりませんでした。Aさんは長らく仕事をしていたものの、今回の件でストレスを感じられ、仕事を続けるか悩まれていました。そこで私たちは、Aさんの長期にわたる暮らしが少しでも楽になるよう資産形成を考え、不動産投資をお勧めしました。

不動産投資はお金がかかるものの、Aさ

んは勤続年数も長く、それなりにたくわえがある一方、そもそも妻の保険金で収益不動産を購入することができる状態だったのです。保険金を切り崩して生活していくことができたでしょうが、それでは毎月お金が減るばかりで精神的にはきつい状態です。そこで相続不動産チームで不動産投資の分析を行い、Aさんに最適な不動産投資をご案内しました。

結果として、毎月安定した不労所得が入るようになり、安定した生活を送れるようになりました。Aさんも妻を亡くした悲しみから少しずつ回復し、余裕も出てくるようになったのですが、これも不動産投資まで考えた対応が功を奏したといえるのではないでしょうか。

続いて失敗例も見てみましょう。

ポイント：専門家が長期的な視点をもって提案しているか見極めよう

5　ケース2　土地活用をメーカー主導で進めて失敗したBさん

【ご家族の状況】

○依頼者　　Bさん（男性・50歳代）・職業　会社員

○家族関係　　妻、娘

【相談内容】

Bさんは千葉県にお住いで、自宅以外に大きな土地をお持ちになっており、そこでは畑をやっていました。以前まわりはみんな畑だったのですが、駅も近いことからだんだんと住宅が建ち並び、畑として利用しているのはBさんの土地のみとなっておりました。

前から「アパートを建てませんか？」と営業が来ており、そのたびに断っていたのですが、そろそろ畑をやめようかと思っていたこともあり相続対策と不労所得を兼ねてアパートの建設を決めたそうです。

ところが新築から10年が経ち、入居者が入れ替わってきたころから、入居がなかなか決まらなくなってきたそうです。どうしたものかと困ったすえ、私あてにご相談に来られました。

新築時は順調にアパート経営が進んでいく

Bさんの土地は広く、アパート2棟と駐車場が確保できるほどの広さがありました。今はこの間取りが人気があるからなどアパートの間取りや仕様はすべて建設会社まかせ、Bさんがあれこれいう間もなくどんどん話は進んでいき、あっという間にアパートはでき上がりました。新築のアパートということもあり、高めの賃料でも問い合わせが多く、でき上がってから1ケ月ほどで満室になり、順調にアパート経営がスタートしていったそうです。

年数が経つと高い賃料では入居が決まらない

アパートの管理については建設会社のグループ会社に管理会社があったため、あわせてお願いをしていました。数年経ったあたりから入居者が仕事の関係などで退去し始め、だんだんと入居者が入れ替わっていったそうです。新築時の賃料を高く設定していたことも

図3-4　周辺に競合アパートが増えて入居が決まらなくなってきた

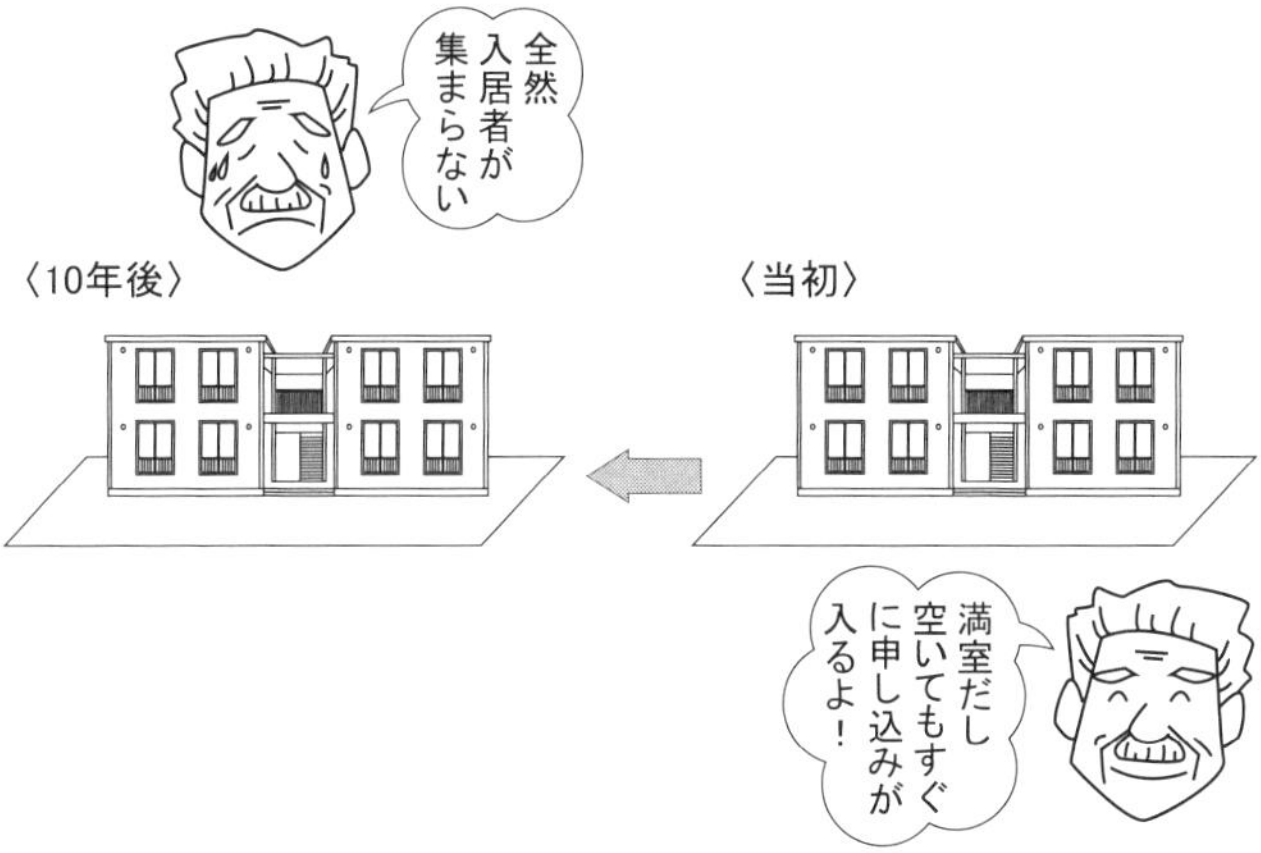

あり、10年経ったあたりの築年数では賃料をだいぶ下げないと入居をしてもらうのは難しいと管理会社から言われてしまいました。近隣の賃貸マーケットなどもよく調べずに建設会社にすべておまかせだったため、周辺のアパートに比べ賃貸ニーズのない仕様となっていたのです。

賃料を下げずに入居率を上げる方法

悩んでいたBさんからご相談をいただいた私たちは建築士とチームを組み、現在の賃料のままでも入居をしてもらえるように、デザイン力のある設計事務所と協力して、コンセプトを組み込み、デザイン性の高いクロスや古材を一部使用したりするなど、メーカーでは対応が難しいデザイナーズ物件としてアピールすることにしました。幸い駅からも比較的近く、もともとの設備グレードも良かったこともあり、値段が多少高くても好んで入居してもらえるように手を加えることで、徐々に入居が決まり始め、満室にすることができました。手を加えた場所も一部だったため低コストでの工事で済み、Bさんへのご負担も少なく済みました。

何が最善かを見極める

アパートを建築するときに、よくわからないからと建設会社におまかせで建ててしまうというのはよく聞く話です。新築のアパートであれば、人気もあり多少賃料が高くても入居するかもしれませんが、年数が経つと高い賃料で入居してもらうというのはなかなか難しい話です。

入居が決まらないからと言って賃料を下げるのも一つの方法かと思います。しかし、いかに下げずに入居率を上げられるかも大きなポイントかと思います。

Bさんには賃料を下げず満室になって良かったと喜んでいただけました。

遊休地や畑に土地活用としてアパートを建てることが多くあります。しかし、よくわからないからとすべて建設会社任せにしてしまい、年数が経つと入居が決まらないというお話をよく耳にします。本当にその設備は必要なのか、間取りはどうなのか、そもそもそこにアパートを建てて需要はあるのかなどは、一元的な意見だけでは見えないところがあります。そのようなケースこそチームが力を発揮するのです。

ポイント：土地活用は依頼する相手で結果が大きく変わる

6 相続では、お金と気持ちの2つの問題を考える

続いて相続対策と相続税対策についてのお話をさせていただきます。

みなさまは相続対策というと、節税がまずイメージされると思いますがいかがでしょうか？

実は相続対策と相続税対策は、同じ対策でも目的が違うことを理解しておく必要があります。

相続対策は感情面での対策になってきます。

「何を、だれに、どのくらい相続させるのか」

たとえば子どもが長男、次男と二人いたとして、アパートを2棟所有していたとします。一つはそれなりの収益があり、もう一つはあまり収益が出ていない物件です。それを長男には収益の出ているアパートを、もう一つのアパートは次男に相続させたらどうなるでしょうか。

不動産の評価額は同じであっても、次男は納得いかないと怒り出すかもしれません。その場合、次男には現金などの財産を多めに相続させるなどで、不公平感を少なくするなどの対策が必要かと思います。

他にも、遺言書を書いて誰に何を相続させるとはっきり書き残すことによって「争続」を防ぐこともできるかと思います。

他方、相続税対策は経済面での対策になってきます。

図3-5 お金も気持ちも大切です

相続対策	相続税対策
何を 誰に どのくらい	何が いくらで どのように評価されるのか?

「何が、いくらで、どのように評価されるのか」

現金を多く持っていると、その金額がそのまま相続税評価となり、税金を多く支払わなければいけません。

そこで不動産を購入すると、実際に購入した金額よりも低く評価をされます。そのため現金を多く残すよりも、不動産を購入して残すほうが支払う税金を少なくすることができるのです。

他にも、生命保険を使った方法や、養子縁組をして基礎控除額を増やすなど、さまざまな節税方法があります。

相続税は2015年1月1日に改正され

ました。最高税率が55％へ増税され基礎控除額も減額となりました。そのようななか、相続が発生する前に事前の対策を行うことが残されるご家族への贈り物になるかと思います。

なおこの相続対策と相続税対策、どちらかやれば成功という話ではありません。どちらも並行して対策を行い、バランスをとることが大切です。それができるのが相続対策専門士が率いるチームです。相続対策では、主に司法書士や弁護士の力を借りながらサポートを行い、相続税対策では主に税理士や公認会計士の力を借りながらサポートを行う。一方ではなく、両方やっていく。相続対策専門士は、不動産に強いだけでなく、相続対策、相続税対策の両方を意識しながら提案させていただくことができます。

ポイント：相続対策と相続税対策の両方が大切

7 相続対策における不動産価格の押さえるべき大切なポイント

図3-6　不動産は目的によって価格が変わる

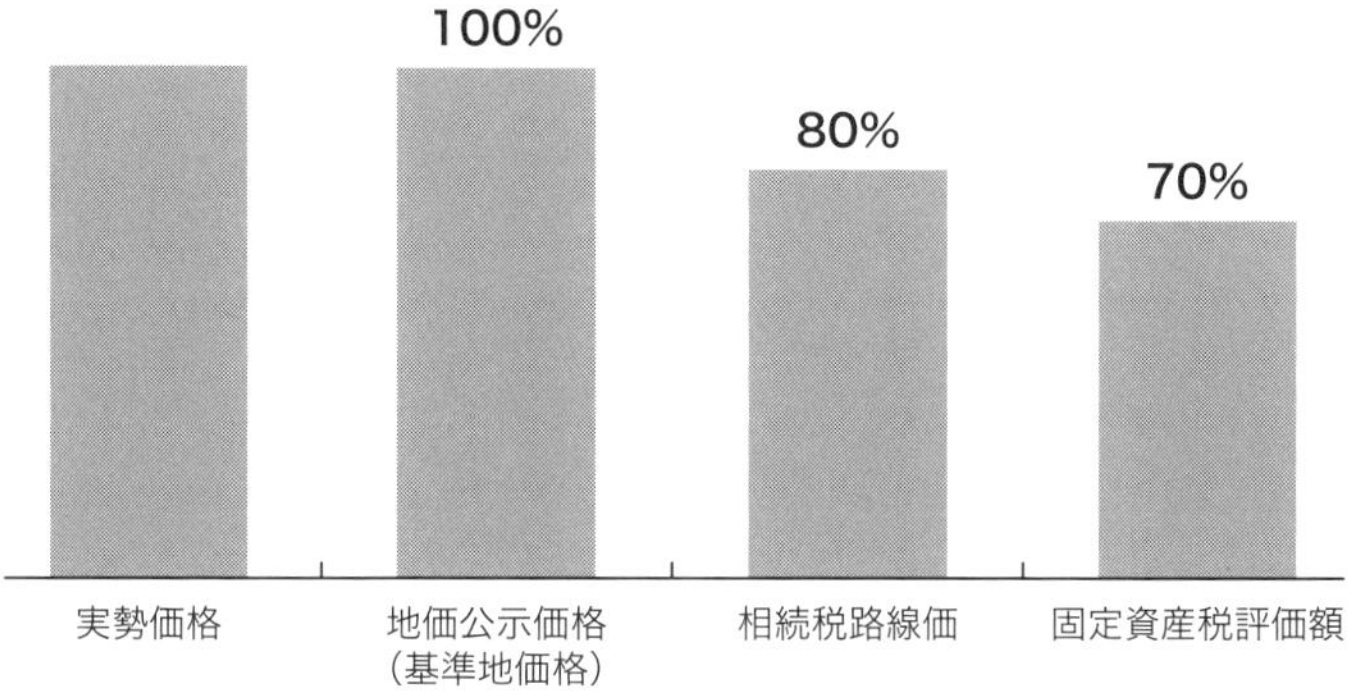

相続では資産のなかで不動産が占める割合が多く、相続対策専門士が得意とする不動産をよく知ってこそ対策や問題解決ができるのですが、ここでは特に不動産価格についてご案内したいと思います。

不動産は一般的に「一物四価」といわれています。

四つの価格には、実勢価格、公示価格、路線価格、固定資産税評価額があります。

通常は一つのものにつけられる値段は1種類（一物一価）が原則ですが、土地には異なる四つの価格（評価）があり、これを「一物四価」と呼んでいます。

図3-7 不動産価格の種類

実勢価格	実際の市場取引から形成され、随時変動する。一般的には時価や相場といわれる。公表主体は不動産会社やシンクタンクで、時期は決まっていない。最近の取引事例を参考にする。
公示価格	国が公表している基準地の価格のこと。一般土地取引の指標とすること（または公共事業の適正補償金の算出）を目的に、毎年１月１日を基準にして３月に公表する。土地取引に大きな影響がある。
相続税評価額	相続税の算出基礎とするために求められる土地の評価額のこと。国税庁が毎年１月１日を基準にして、７月に公表する。路線価を元に評価する。公示地価の８割の評価といわれる。
固定資産税評価額	固定資産税の算出基礎とするために求められる土地の評価額。公表主体は市町村（23区は東京都）。基準年度（３年ごと）の前年の１月１日を基準にして、３月または４月に公表する。公示地価の７割の評価といわれる。

四つの価格は**図3－6**、**図3－7**のとおりです。

四つの指標はそれぞれ利用目的が異なっているので、用途により使い分けることが必要です。

一見、複数の価格が存在し、ややこしく見える不動産ですが、相続においては不動産に強いプロフェッショナルチームが、この価格差を用いて提案や交渉を行うことで優位な提案を行うことができます。詳しくは事例を通して見ていきましょう。

8　ケース3　相続問題をプロフェッショナルチームで解決したCさん

【ご家族の状況】

○依頼者　　Cさん（男性・40歳代）・職業　農業・大家

○家族関係　　妻　弟　妹

神奈川県に住むCさんは、祖父の代から農業を営む一族の長男です。長女と次男の3人兄弟で、父は祖父から受け継いだ土地をもとに農業だけでなく不動産賃貸経営もはじめ、上手に資産運用を行っています。母は、3人の子どもを産んだ後病気になってしまい、寝たきりから子どもたちが成人になるころに亡くなってしまいました。

そんな悲しみも乗り越え、Cさんは大学卒業後、一時的に会社員となったものの、父親からの期待に応え、農業を引き継ぐこととなり、専業農家兼不動産賃貸経営を手伝っていました。そのような状況のため、Cさんは当然のごとく、父親からは資産のほぼすべてを引き継ぐものと思っていました。

図3-8 Cさんの家系図

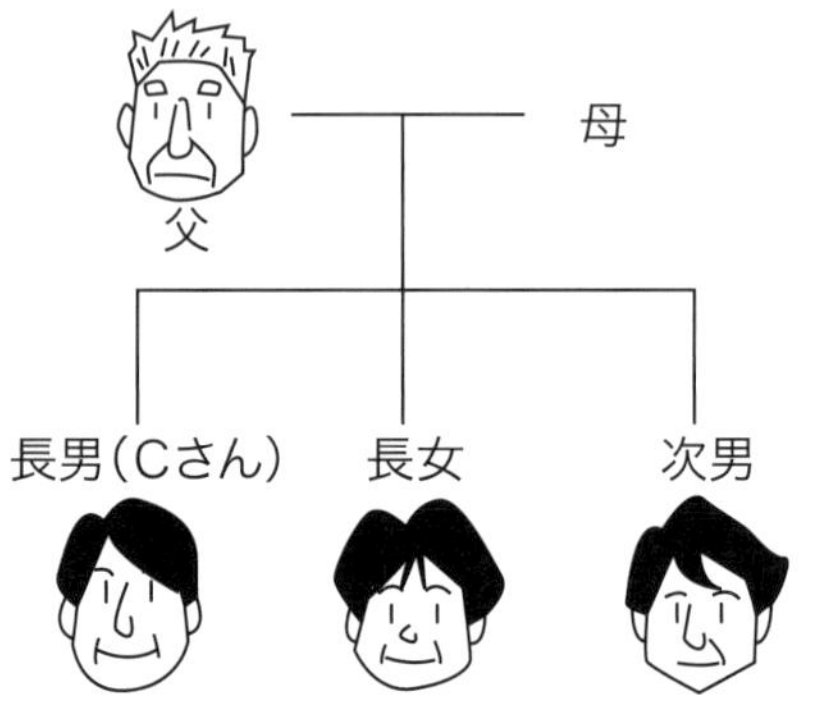

そんなある日、父親が農作業中に倒れてしまいました。すぐに病院に運ばれたものの脳出血とのことで、残念ながら帰らぬ人となってしまいました。

家業を引き継いだ長男が喪主となり、3人の兄弟で力を合わせて手続を進めていたのですが、四十九日での集まりの際、ふとしたことから兄弟ゲンカとなってしまいました。

長女は、地元の短大卒業後、百貨店で働いたのち、同僚と結婚し専業主婦となっていました。夫のご両親が地元の有力企業経

図3-9　兄弟でも想いは一致するとはかぎらない

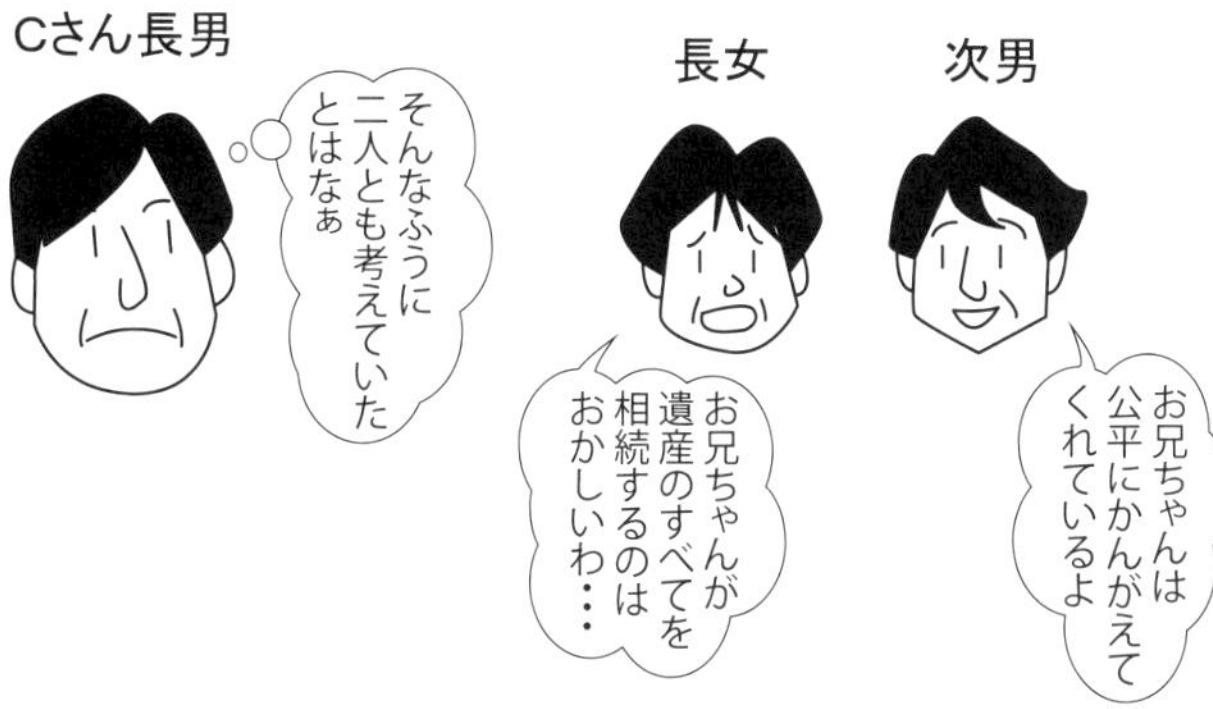

営者だったので、生活にもゆとりがあり楽しい日々を送っていました。次男のほうは、理工系の大学を卒業後、電気メーカーに勤めました。回路関連の設計士として長らく働いています。そんな兄弟からこんな言葉が出てきたのです。

「お兄ちゃん、もしかしてお父さんの遺産の全部をもらおうとしていないよね？」

「おねえちゃん、お兄ちゃんに限ってそんなことはないよ。俺たちにも相当の資産を分けてくれると亡くなったお父さんも生前に俺に言ってたし、そんなの考えすぎだよ」

それを聞いたCさん、顔ではニコニコしながらも内心ではとても驚いていました。実はお父さん、生前に資産のすべてをCさんに譲ると口では何度も言っていたのですが、遺言書を用意していませんでした。Cさんは結婚しており、高校生の子どもがいるのですが、一時期養子縁組の話があったものの、子どもが反対したため、その手続も進んでいなかったのです。そんなことから、法的には立場が弱いCさん、どうしたものかと途方にくれていました。

自分が良いと思っていた遺産分割案が、兄弟には悪い提案と思われることもある

父が亡くなってから半年ほど経ったある日、Cさんは遺産分割をまとめようと、とあるプランを打ち立てました。

さすがにすべての遺産を相続するのは気がひけます。自宅はもちろんですが、農業に必要な不動産・アパートなどはすべて引き継ぐものの、現金の一部を兄弟へ振り分けることにしました。金額にして1000万円ずつです。これだけ相続させれば喜んでくれるだろうと思っていました。

そんな思いもつかの間、その話をしたところ、兄弟からとんでもない話が来てしまったのです。

「そんな分け方じゃ、納得いかないわ！　それじゃ、お兄ちゃんがほとんどもらうことになるじゃないの！」

「これはひどいよ！　いままではお兄ちゃんが事業を頑張ってくれていたので何も言わなかったけど、今回はこれでは納得できないよ！」

いままで何も言ってこなかった長女と次男ですが、思いもよらない言葉にいままで父を大変な思いをしながら支えてきたCさん、カチンと来てしまいました。

「お前たち、何を言っているんだ！　いままで父と母、家業の面倒を見てきたのは俺と嫁だぞ！　本当なら父親からはすべて俺が承継するように言われているんだ。それなのに、こんな言い方があるか！」

「お兄ちゃんが言っていることはわかるわよ。ただ、私はこの分け方は納得いかないわ。法律どおり、しっかり分けてほしいの」

「僕もお兄ちゃんの言っていることはよくわかるよ。ただ、会社員もこれからは安定とは言えないから、これだけだと厳しいのも理解してほしいな。僕もきちんと法律にのっとって対応してほしいな」

これでは双方の意見に差がありすぎて話し合いになりません。ケンカ口調のまま話し合いが終わり、物別れに終わってしまいました。

さて、今後どのようにすれば良いか？

Cさん一人ではどうにもなりません。そんなとき、ホームページから相続対策専門士である私を知ってご連絡いただきお話を伺うことになりました。このような時はまず、お客様のお話をできるかぎり聞かせていただきます。その後、お父様の遺産状況を確認させていただくことになります。

不動産は見方によっていろいろと表情を変える

遺産一覧を確認してみると、遺産全体に占める不動産の割合が9割に近いことがわかりました。また、不動産も一部に収益を生むアパートがあるものの、自宅や農地といった売却の難しい土地が多いこともわかりました。しかしながら相続対策専門士は、不動産のプロフェッショナルです。また、相続チームは相続対策専門士だけではなく、不動産鑑定士、土地家屋調査士など不動産のプロフェッショナルが揃っています。このメンバーで当該土地について精査を行い、ある点に注目しました。さきほど不動産は「一物四価」であることをお伝えしましたが、当該土地について、よくよく見ると、時価と相続税評価額にかなりの差があることがわかったのです。

たとえば、アパートAに関しては、相続税評価額では3000万円であるものの、時価は7000万円と倍以上の評価が出そうです。そこで、すべての不動産について相続税評

図3-10 評価の仕方で不動産価格が変わる

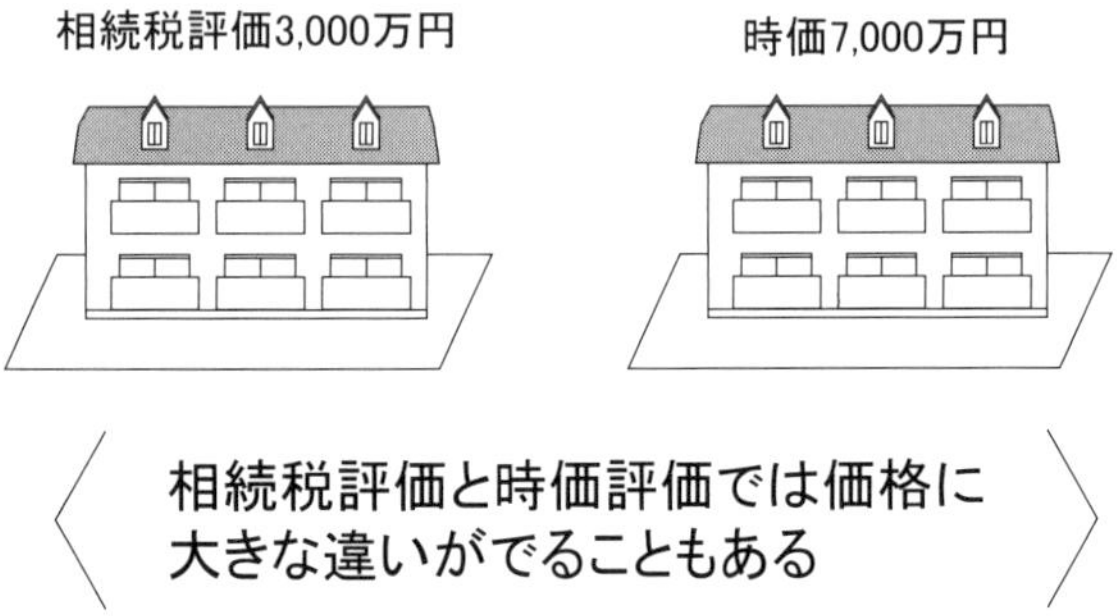
相続税評価3,000万円
時価7,000万円
相続税評価と時価評価では価格に
大きな違いがでることもある

価額と時価との乖離率を算出させていただくこととしました。その結果、10億円の相続税評価額に対して時価が13億円もあることがわかったのです。

また、不動産の潜在価値にも着目しました。ある不動産は、土地活用を行うことで収益性がアップすることがわかったのです。その結果を踏まえ、私はあるストーリーを描きました。遺産分割は、基本的に相続税評価額で行います。遺産に収益を生む不動産があればその賃料なども考慮して分割することが公平性を生みます。今回は、賃料はもちろん、相続税評価額と時価との差、不動産活用のポテンシャルも考慮して、遺産分割案をCさんに提案させていただきました。

Cさん、この案では確かに多くの遺産を承継できないものの、自宅はもちろん、主な不動産は手放さずに済みます。一方、長女と次男ですが、二人とも最初のCさんの提案以上に現金と不動産を手にいれることができることとなりました。

Cさんがなぜこのような遺産分割で納得したのか？　ここもポイントなのですが、遺産分割では、相手がたを説得するような交渉はかなり難しいのです。他人を変えるより自分が変わったほうが早い。相続対策専門士は、Cさんのお考えを改めていただくように説明しました。ここでのポイントは、さきほども申し上げた相続税評価と時価の乖離です。Cさんには実際の評価額よりも多くの遺産を得ていることを、事例や分析ツールを合わせて説明させていただくことでご理解いただきました。

このように、不動産の評価を一義的に捉えてしまうと、提案に柔軟性を持たせられなくなることがあります。相続不動産のプロである相続対策専門士でも限界はあり、そこに相続に慣れている不動産鑑定士や土地家屋調査士がいることで、さらに深掘りした相続不動産対策が可能になるのです。不動産の潜在価値を知ることで、相続人全員が必ずしもハッピーにならない相続でなく、家族みんなが幸せになる相続を行うことができるのです。

ポイント：不動産の潜在価値を知ることで家族が幸せになる

9 セカンドオピニオンの重要性

最近、「セカンドオピニオン」という言葉を目にしたり、聞いたりする機会が増えています。

もともと医療で使われることが多かったこの言葉。専属医の判断が誤っていて、しなくて良い手術をしてしまったことが起こっていたそうです。このようなミスを防ぐためにも、他のプロの意見も確認してより良い判断を行うというものが、セカンドオピニオンです。

図3-11　最初の回答が合っているとは限らない

実はこの話、相続手続や相続対策でも同じことがいえます。相続手続や相続対策には法律というルールがあるものの、目的に対する手段は一本道ではないことが多々あります。さまざまな手段があれば、士業の先生によっては、知識量や経験によっては相違した意見となることもあるでしょう。

ここで、「信頼している先生だから大丈夫!」とか、「30年以上お付き合いのある先生だから間違いないよ」と、安心するのではなく、万が一を考えて、ぜひ他の先生にも意見を求めてみてはいかがでしょうか?

もしかしたらハッとするような素敵な提案を聞けるかもしれません。

相続対策専門士が在籍する相続チームには、相続と不動産に精通する税理士・弁護士・司法書士・不動産鑑定士が在籍し、無料相談のなかだけでも進むべき道が見えてくることもあり、お客様から喜んでいただくことも多いです。

インターネットの普及で、知識は簡単に得ることができるようになりました。一方、情報の洪水に巻き込まれ、誤った情報を選択する方も増えてきているように感じています。最終手段は、ご自身の知識武装と思いますが、読者の皆様はまず、気軽にセカンドオピニオンを求めてみることから始めてみてはいかがでしょうか?

ポイント：相続・不動産も医療と同じようにセカンドオピニオンを積極的に活用しよう

10 営業マンやコンサルタントとの相性も大切にしてみよう

私のパートで最後にお伝えしたいことは、相性についてです。不動産や相続の本を見ると、税務や法務内容の記載は多いのですが、担当者そのものについては、そんなに多く記載がありません。それも当然で、著者がわざわざ出版で宣伝のように、自分のことをたくさん書いていては印象が良くないかもしれません。

しかしながら、私は今後のパートナーシップにおいてとても大切になってくるのが、相性だと思っています。そもそも相性とはなんでしょうか？　ひと言でいえば、信頼できるか？　そこに尽きると思います。不動産業界は残念ながら、怖いイメージやお金に汚いイメージがあります。地上げとか、不動産投資詐欺など、残念なニュースばかり取り上げられています。これは、一部事実でもあるのですが、素晴らしい仕事も当然ありますし、素晴らしい方々もたくさんいらっしゃいます。ただ、素晴らしいといっても、人には合う合わない、があります。なんとなくですが、合わない人には言えないことがあったり、なんとなくぎこちない感じがしたりしませんか？　これが、相性が良い人だとついたくさん話してしまったり、一緒にいるだけでワクワクしてしまいます。

この相性、当然ながら相続チーム内でも大切です。スキルはプロとしてあって当然なのですが、チーム内メンバーの相性が合っていてこそ、1＋1が3にも4にもなり、お客様へより良い提案ができることになります。そしてそのかたちは相続チームとお客様の間にも言えることなのです。

合うか合わないかどうかは、初回面談だけではわからないかもしれません。第一印象が良いというのはポイントになりますよね。よく大手だから安心だ、信頼できるという話もありますが、私は担当者がすべてだと思っています。大手か小さい会社かどうかよりは、素晴らしい担当者であるかどうか？　ここにポイントを置いていただくとより持続性のある良い結果を生み出せると考えています。

前項ではセカンドオピニオンの重要性について述べさせていただきましたが、これも相性に絡む問題です。つまりは、たくさんのコンサルタントに会って、たくさんの話を聞い

図3-12　長期的かつすばらしい結果を生み出すチームの条件

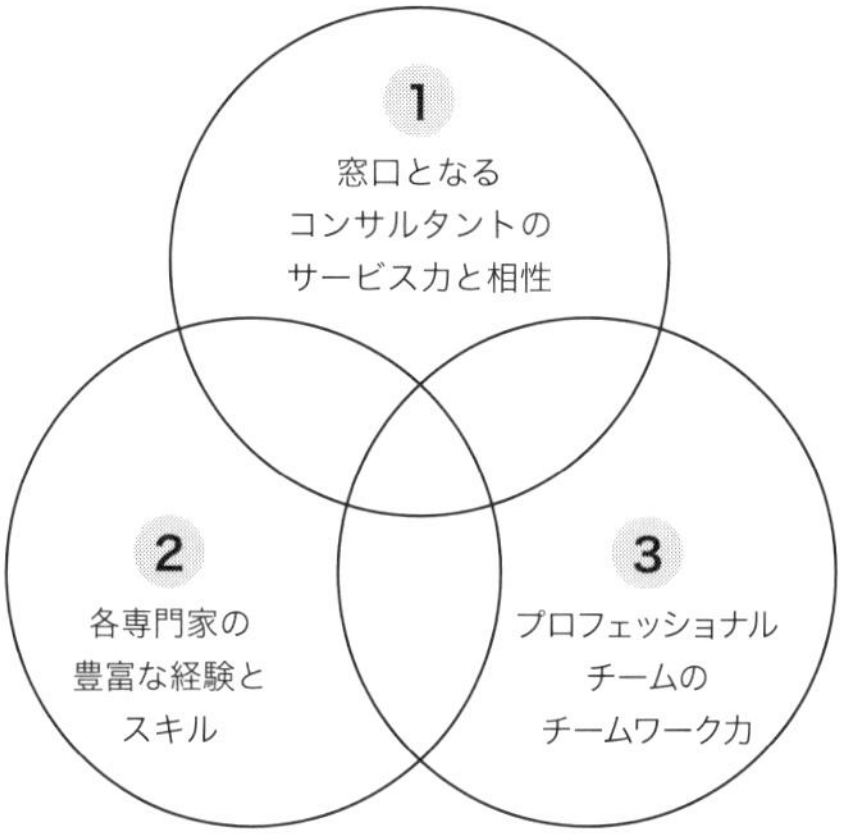

てもらいたいということです。

複雑性の高い問題解決には、スキルはもとよりお客様とコンサルタントとの素晴らしい相性があってこそ、素晴らしい化学反応が起こって問題解決がなされると考えています。

不動産や相続問題では、どうしても、税務・法律・報酬などの問題がクローズアップされがちではあるのですが、今一度担当者との相性、もっといえば今の担当者がお客様へ愛情を込めて対応してくださっているかどうかについても真摯に考えてみてはいかがでしょうか？

最後になりますが、私のパートでは税理士法人トゥモローズの代表税理士の角田壮平先生、不動産鑑定士の森田努先生、司法書士の石川宗徳先生に税務・法務の監修をしていただきました。ありがとうございました。

ポイント：プロフェッショナルチームの愛情あふれる対応が、持続性のある良い結果を生む

其の四

失敗事例から見る「相続対策心得 18箇条」

会社紹介

財・不動産コンサルティング株式会社

代表取締役 川口博之

社　名　財コンサルティンググループLLP
財・不動産コンサルティング株式会社
住　所　〒160-0022 東京都新宿区新宿1-36-2
新宿第七葉山ビル3階
METSオフィス新宿御苑307
電　話　03-6869-8235　FAX：03-6869-1176
HPアドレス　http://zai-consulting.jp/
E-mail　zai-fc@now.mfnet.ne.jp

執筆協力　・株式会社プロポーソル 代表取締役　税理士　古屋 慎
・合同会社財マネジメント　代表社員　中小企業診断士　清水 嘉人

他　武蔵野商工会議所相談員、週刊全国賃貸住宅新聞連載中

※本書購読者様へ　章末記載、相続税額の試算を実費にて行います。
また、初回のご相談は無料です。詳しくはお問合せください。

川口博之《かわぐちひろゆき》

1964年生まれ

出身地	埼玉県　大宮在住
最終学歴	東京都立大学（現 首都大学東京）建築工学科卒
職　歴	・清水建設で現場監督（予算、工程、品質管理） ・船井財産コンサルタンツ(現 青山財産ネットワークス) 　地主さんの遺言作成から不動産コンサルティング 　まで実行 ・財コンサルティンググループ LLP 設立　2012年 ・財・不動産コンサルティング設立　2012年 現職 　不動産オーナーのバックアップ 体制確立
資　格	・公認　不動産コンサルティングマスター相続対策専門士 ・宅地建物取引士・定借プランナー・既存住宅アドバイザー ・生命保険募集人・二種証券外務員資格　他
趣　味	ダイビング（山の頂、海の底でボーとすること）、 登山、息子（小学４年生）と野球すること
好きな言葉	「踏み出せば、その一足が道となる。」 「一生勉強。一生青春。」 「自分の人生は全ての人の支えで出来ている。」
仕事の信条	依頼者から感謝される仕事人 30年後、依頼者とおいしいお酒を飲めるような仕事人 気概を持ち続けるため勉強し続ける仕事人
得意分野	・土地活用　活用して大丈夫かの検討から実行まで ・不動産売却、購入、等価交換等　活用との比較検討、実行 ・借地、底地等の問題解決、調整等含めた不動産相談全般 ・建て替え、修繕相談　収支改善から建て替え実行まで ・建築費の引き下げ（CM）、建設業者比較から実行まで ・相続対策（事前）　遺言作成お手伝いから執行人実行まで ・相続対策　評価引き下げから相続税還付のお手伝いまで

プロフィール

第1条

「相続対策とは、税金を減らす対策のみにあらず」と心得るべし

ここ数年、「終活」という言葉をよく耳にしますが、相続対策と聞いて何を思い浮かべるでしょうか？　65歳以上の持ち家、子どもがいる人を対象にした一般社団法人信託協会の「相続に対する意識調査」によれば、「何も考えていない」という方がほぼ半数、相続未対策の方の半数以上が「相続税がかかるほどの財産がない」と答えています。

一方で裁判所に持ち込まれる遺産分割における審判、調停事件は、平成4年から平成24年の間に、約1・6倍（**図4－1**参照）にも増加し、その争われた財産額は5000万円以下がほとんどであり、相続税がかからなくてももめているというのが実情のようです（**図4－2**参照）。

また、「3代の相続で資産はなくなってしまう」といわれることが表すように、相続対策において、節税対策はもちろん重要です。しかしながら、考えなければならないのは、相続税評価を下げられても、その分見えないリスクが増えていることが多いという点です。極端なことを言えば、1000万円の価値しかないものを1億円で買えば、

図 4-1 **新受件数（審判＋調停）の推移（遺産分割事件）**

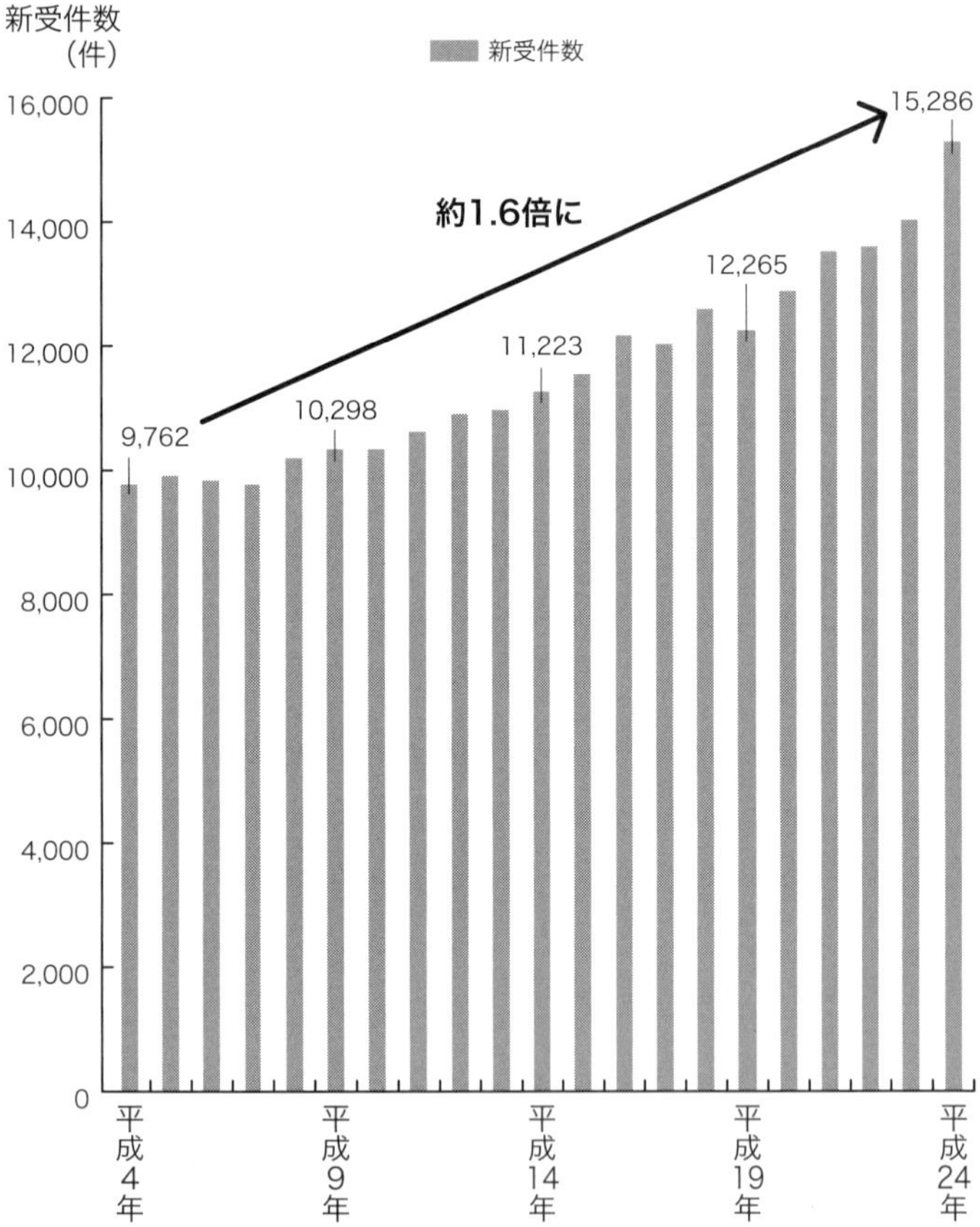

※新受件数は、審判事件および調停事件のいずれかとして係属したものを合計した件数であり、調停不成立により審判事件として係属した事件や、審判申立て後に調停に付して係属した事件を含む。

出典：家庭裁判所における家事事件の概況のうち「遺産分割事件の概況」より

図 4-2　分割事件の遺産総額別割合

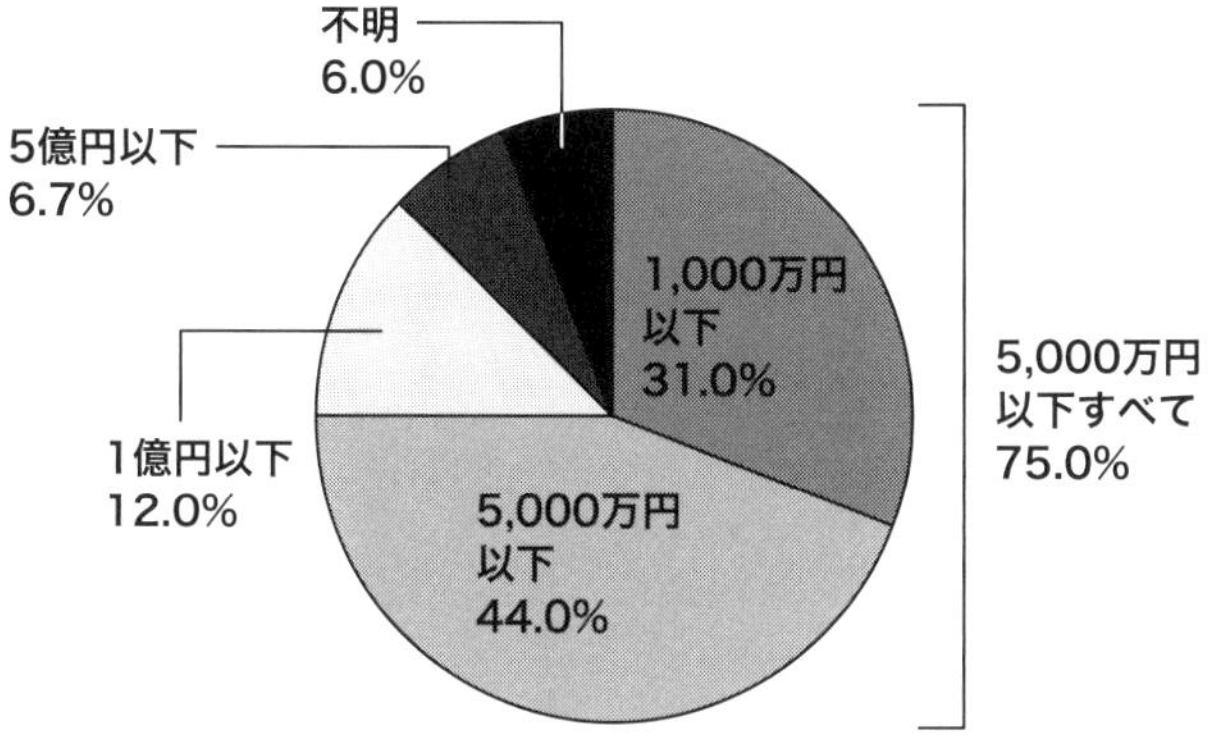

出典：最高裁判所司法統計（平成25年）を元に作成

9000万円損しているわけですが、同時に相続税の減額効果も得られているのです。

そのような意味から考えると、一方からの観点で見るのは危険で、相続対策はさまざまな角度から総合的に進めていかなければならないとご理解いただけるのではないでしょうか？　ただ、そうは言っても有効な相続対策のヒントを求めて本書を手に取られた方もおられると思います。

図4－3をご覧ください。「え？」と思われた方もおられるのではないでしょうか？　収入増が何よりも必要との図になっているのですが、決して遺産争いの防止が不要と申し上げているわけではありませ

図 4-3　相続対策の3原則

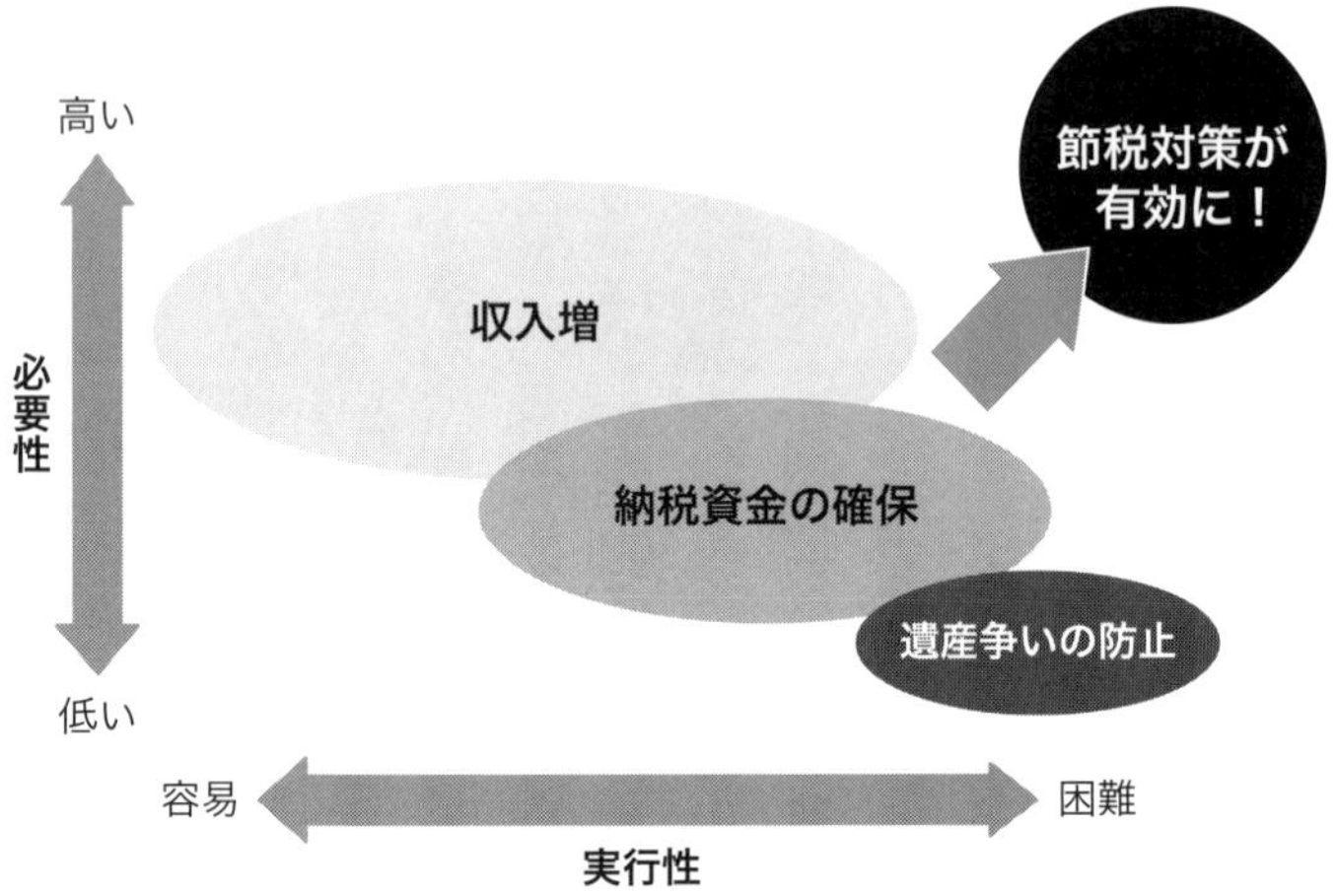

ん。相続対策においては収入を増やすことが重要で、納税資金の確保、遺産争いの防止と三位一体で進めてこそ初めて、節税対策が有効になるものだということなのです（**図4－3**参照）。

たとえば、収入が増えれば、法人成りによる所得分散などによって、自然と次世代へ財産を移転することもでき、自然と納税資金をプールすることも可能となり、やがて分割対策に必要な資金が貯まってくれば、遺産をめぐる争いも発生しにくくなってくるものと考えるからなのです。

この章では、さまざまな実例をご紹介するなかで、教訓とすべきことをお話ししていこうと思います。

第2条

「餅は餅屋」と心得るべし

（相続税還付事例）

私は、税理士ではありませんので、税務申告はできません。しかし、相続税の還付請求をご依頼いただくこともあります。土地の相続税評価は、原則「時価」です。簡単に言えば「売れる値段」ということです。そもそも税理士さんが、土地の時価について詳しくないのは当たり前で、時価の算出が難しいので国が路線価による評価基準を示したに過ぎません。

東京郊外に住むAさんは、お父様を亡くし、長年確定申告をお願いしていた税理士さんに相続税申告を依頼し、1億3000万円の相続税納税を済ませ、ご自分の代になったので、300坪ある駐車場の土地活用を思い立ち相談にお越しになりました。土地活用を検討させていただくためにも、資産と収入、借入れのバランスについて分析するため、全資産の開示をいただくようお話をし、相続税の申告書を拝見したのですが、駐車場について広大地評価（※注）（**図4－4参照**）がなされておらず、相続税評価が約1億4000万円になっていました。

図 4-4 広大地の評価

1　広大地とは

広大地とは、その地域における標準的な宅地の地積に比して著しく地積が広大な宅地で、都市計画法第4条第12項に規定する開発行為を行うとした場合に公共公益的施設用地の負担が必要と認められるものをいいます。ただし、大規模工場用地に該当するもの及び中高層の集合住宅等の敷地用地に適しているものは除かれます。

2　評価方法

広大地が路線価地域に所在する場合

広大地の価額＝広大地の面する路線の路線価×広大地補正率×地積

$$\text{広大地補正率} = 0.6 - 0.05 \times \frac{\text{広大地の地積}}{1{,}000\text{m}^2}$$

出典：国税庁ホームページより

開発許可が必要な大きな土地の場合で、マンション適地、大規模工場適地等でなければ、戸建住宅適地と考えられ、そのような土地では、道路などの潰れ地が必要となり、相続税評価を一定の割合で減額できるという評価基本通達です。つまり広大地だと認められれば、広大地補正率55％となり4割以上の評価減が取れ、評価も約8000万円になるのです。

※広大地補正率＝0.6-0.05×（広大地の地積約1,000㎡／1,000㎡）＝0.55

相続税の更生請求を行うにあたり、知り合いの税理士に依頼し検討してもらい、成功報酬にて依頼をいただきました。税務署から否認されないためにも、調査、検討を始めましたが、論点として以下の2点が考えられました。

1　マンション適地では？

当該地は、最寄駅からバス便、第一種中高層住居専用地域（建ぺい率60％、容積率200％）にある300坪の土地であり、周辺にはマンションも点在するが、600坪以下の分譲マンション用地としての売買事例はなく、地主さんの土地活用としての賃貸マンションのみであった。また、300坪の土地を買って、賃貸マンションを建てても収益性は乏しく、経済合理性から考えても、賃貸マンション用地としての売却は難しいと思われる。したがって、当該地はマンション適地ではない。

2　戸建適地であっても、敷地延長での分譲住宅が可能ではないか？

当該地周辺は、戸建分譲住宅が多いが、敷地延長の事例は、平成4年以降ない。戸建てのデベロッパー数社にヒアリングを行い、「今の市況は、悪くはないが敷地延長だと却って売れにくい。また、当該地は奥行き35mあり、敷地延長での計画は難しい」とのこと。

図4-5　東京郊外における広大地評価否認事例

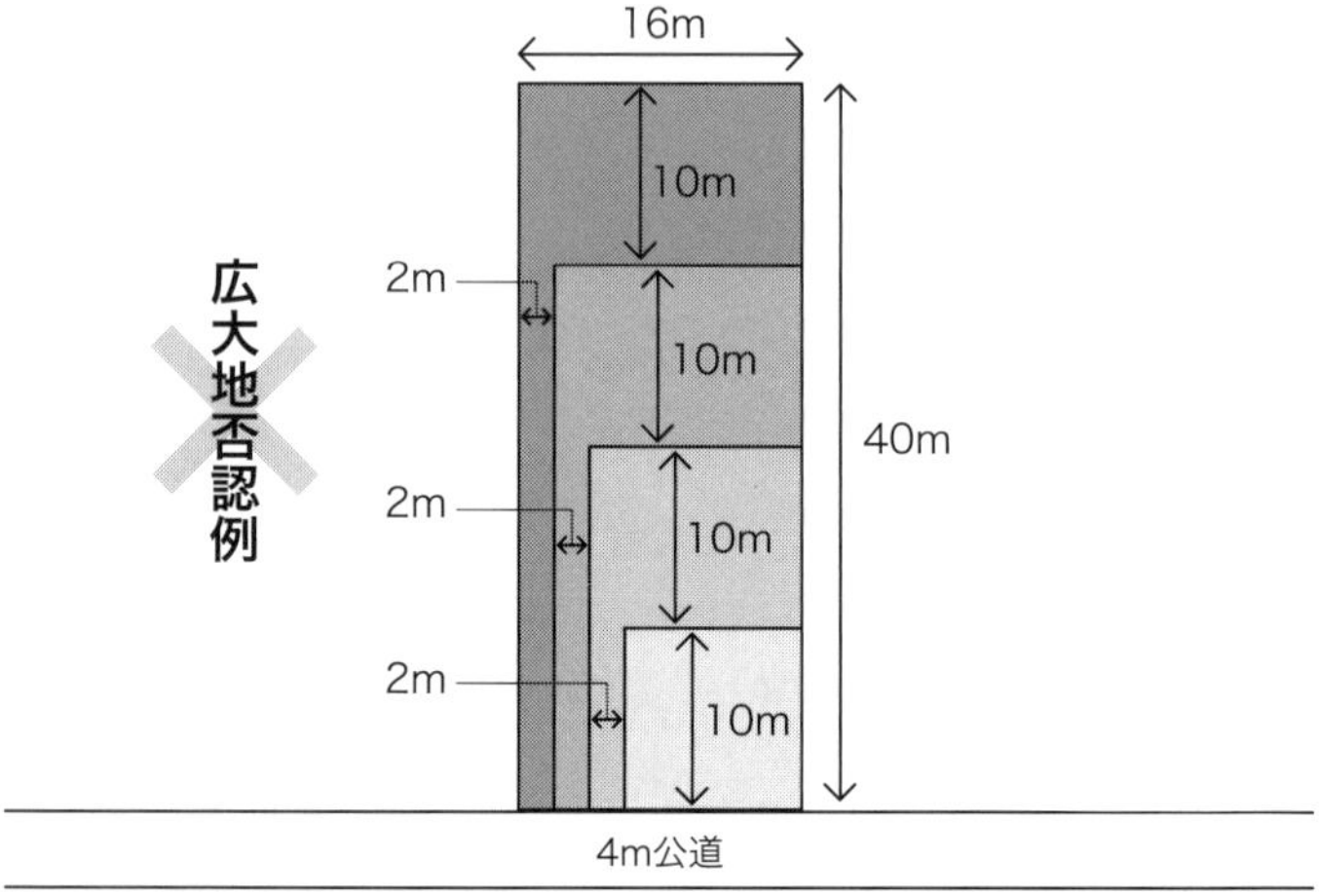

以上から、広大地適用が可能と思われるが、**図4－5**のような否認事例もあるので、不動産鑑定士さんの意見書を添えて、更生の請求を出したのです。

他にも、セットバックが必要な42条2項道路部分の評価減、産業廃棄物が埋設されていた土地については撤去費用について見積りを取得し控除、マンションと一体利用の駐車場を貸家建付地とするなどにより、最終的には4000万円ほどの還付を受けられたのです。

相続税は、申告する税理士さんによって大きく違う税目であり、その差異が大きいので、資産税に詳しい税理士さんに依頼すべきであり、不動産の時価に詳しいのは不動産鑑定士さんであり、不動産屋さんなのです。

※注　平成29年度税制改正大綱で広大地評価は、「現行の面積に比例的に減額する評価方法から、各土地の個性に応じて形状・面積に基づき評価する方法に見直すとともに、適用要件を明確化する」とされています。

第3条

究極の相続対策は家庭教育と心得るべし（遺言の執行者指定は慎重に）

不動産を中心とした相続コンサルティングをやっていると地主さん、ビルオーナーさんから遺言についてご相談いただくことも多いのですが、もめないようにしておくことが、いかに大切かと考えさせられます。もめないことの重要性を考えるうえで参考になる例を2つほどお話し致します。

かなり昔になりますが、Bさんから「父の相続税減額対策として都心に収益不動産を購入したい」とのご相談をいただきました。2年近く物件を探し、ようやく良い物件に巡り合ったのですが、購入の契約をするころに、Bさんのお父様は意思能力の衰えが目立ち始めていたのです。聞けば、数ヶ月前に階段で転倒し、自立歩行が難しくなり、言葉数も少なくなってしまったようでした。意思能力の有無を推し量る長谷川式スケールで考えても、判断が難しい境界ラインに近かったようでした。そのことを、ある司法書士に話したところ「意思能力に疑いがあるだけでなく、相続でもめるかもしれないので、所有権移転登記は受任できない」とのことで、最終的にBさんのお父様と50年来の付き合いのある司法書士に依頼したのです。Bさんのお父様とは茶飲み友だちで、物件を探し始めたころにBさんの父の意向を聞いていたこと、物件購入について推定相続人間に異議のないことを確認のうえ、購入を実行することとなりました。いまとなっては本人確認、意思確認が厳格になっているので、例としては適切ではないかもしれませんが、相続時にもめないことの大切さが、深く印象に残ったものでした。

もう一つ、Cさんから「10年ほど前に作成した遺言書とは資産状況、家族の状況も変わったので書き替えたい。ところでこの遺言執行者（弁護士）に支払う報酬1％って何？」とのお話をいただきました。字のとおり、遺言の内容を実現するために必要な行為や手続に伴う報酬で、Cさんの場合「おおよそ１０００万円を執行者に支払うことになるようです」とのお話をしたのですが、「もったいない」と言うのです。幸い私とCさんとの付き合いも長く、酒席などで相続人の方々ともお会いさせていただいていたので、Cさんのご相続の時、分割でもめるようなことはなさそうに思ったこともあり、「私でよろしければ執行人にご指定いただいても構いません」とお話ししました。

もめて裁判で争うような場合は、弁護士さんを執行者にしたほうが良いのでしょうが、不確実ながらもめないようであれば、必ずしも遺言書どおりに分割せず、臨機応変に分割協議を進めたほうが、相続税もあまりかからず良い場合もあります。そのような意味から、執行者は弁護士さんだけでなく、相続人以外の近親者や相続人の状況をわかっている資産税に詳しい税理士さんなどを指定したほうが良いでしょう。

最近は成年後見制度に比べ、使い勝手の良い「家族信託」を使われる方も多くなりました。遺言代用の信託契約をすることもできるようになり、相続でもめないような手立てを事前に施すための選択肢も多くなっています。

ただ、遺言書を遺すのは良いのですが、アドバイザーたる税理士さんが相続税申告をしたことがなかったり、相続争いになりそうなのに遺留分を犯す遺言書を遺したり、果てはドラマの上をいくような遺言書の偽造などを目の当たりにすると、適切なアドバイザーがいなかったのだろうか？　と疑問に感じることも多いのが実情です。

また、相続税における小規模宅地の評価減、配偶者の税額軽減などは、相続税申告期限から原則3年以内に分割がまとまっていないと適用できません。遺言もなく分割協議でもめると、相続税額が大きくアップしてしまうといった、金銭的デメリットが多く語られます。しかしながら、さらに深刻なケースは、相続人同士をはじめとした、それまで密だった人間関係が絶縁に至ってしまうことではないでしょうか？

分割協議でもめ始めると、不動産鑑定士が算定した時価を巡っても、泥仕合になることも多く、神経をすり減らしたあげく、健康を害する方も少なくありません。7回忌などの法要さえ顔を合わせることもなくなり、その絶縁状態は孫などに引き継がれていってしまいます。ご自分亡き後、子どもたちの争いを、草葉の陰で見守ることはできるかもしれませんが、絶縁状態になってしまったら、結び目をつなぎ合わせることはできないのです。

第4条

任意後見、家族信託は何よりもご自身のためと心得るべし

（被後見人の土地活用事例）

成年後見人による被後見人の土地活用事例についてご紹介します。Dさん（65歳）は、都内で約100坪の敷地の住居にお住いの独身女性でした（**図4－6参照**）。

お父様は他界し、土地・建物はお母様名義でしたが、そのお母様は90歳を超える年齢で、介護施設に入所されていました。

図 4-6　被後見人の入所費用捻出と賃貸収入実現事例

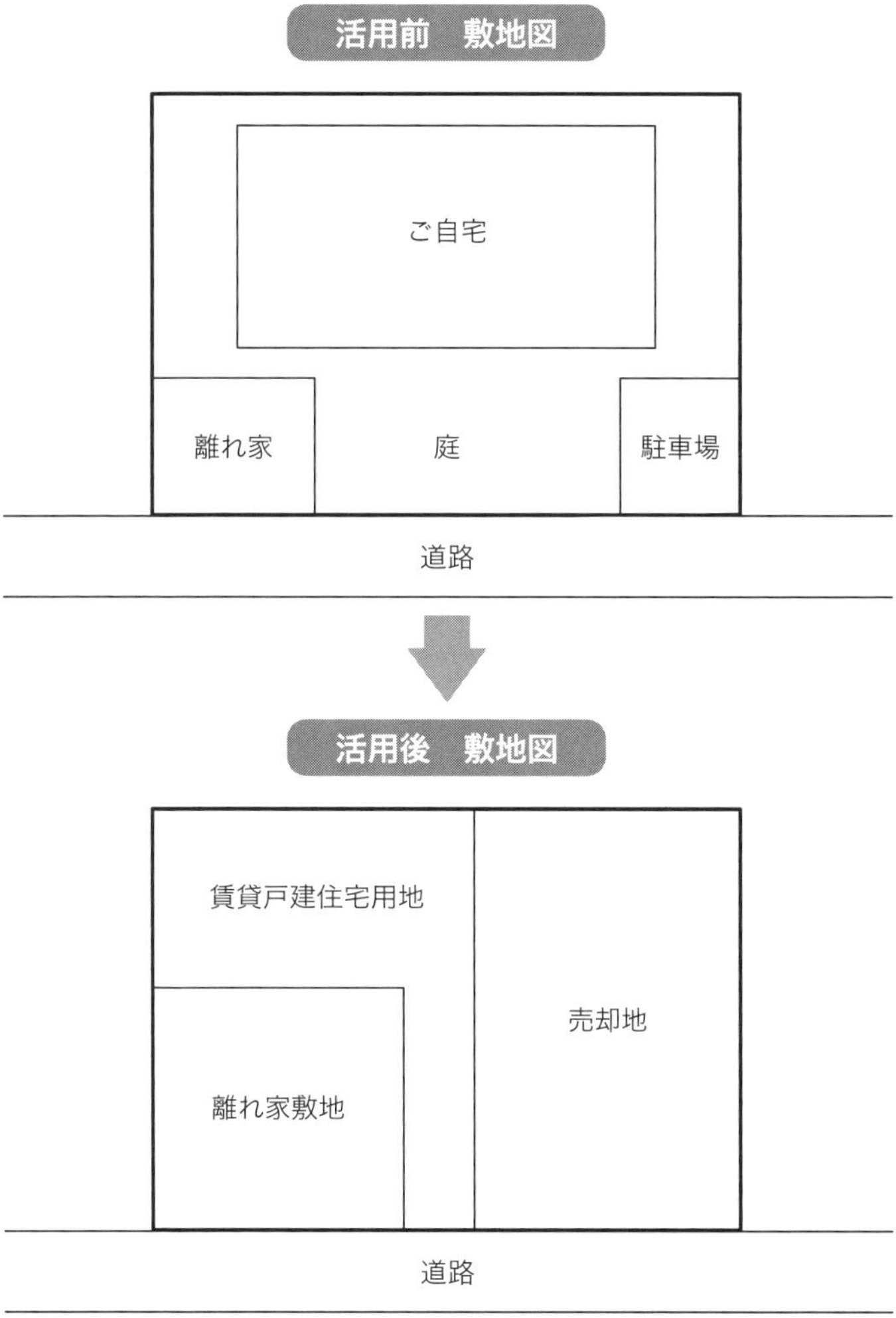

また、お母様は意思表示ができない状態にあったため、Dさんは成年後見人となり、弁護士がDさんの成年後見監督人を務めていました。介護施設の入所費用はお母様の年金と貯金の取崩しで支払われていましたが、貯金が底をついてきたことで、当方に相談に来られたのです。

幸いDさんは同じ敷地内にD様名義の離れ家をお持ちでしたので、Dさんは離れ家に引っ越していただき、母屋を解体したうえで、残った土地を使ってお母様の入所費用を捻出する計画を立てました。お母様が住んでいらした土地・建物は、成年被後見人の居住用不動産とみなされ、その活用や処分については家庭裁判所の許可が必要になります。許可を得るためには、「被後見人の福祉のための処分」が前提となりますが、Dさんにはご兄弟が二人いらしたため、将来のご相続も視野に入れて対策を考える必要がありました。

そこで土地を3分割し、面積の3分の1をD様の離れ家の敷地とし、3分の1を売却、残り3分の1の敷地に土地の売却代金で賃貸戸建住宅を建築する計画を立てました。

なお、土地全部を売却せず、賃貸戸建住宅による土地活用を計画したのは、次の理由からです。

① 年金以外にお母様の安定した収入源を確保する必要があった
② Dさんのご兄弟にも賛同いただくため、将来の遺産分割を視野に入れ、土地を分割・売却しやすい状態に保つ必要があった

当然②の理由は、Dさんを含む推定相続人の利害に関することで、家庭裁判所に許可を申請する理由には該当しません。この計画は、土地の売却代金と賃貸収入によるお母様の生活設計の妥当性が認められ、家庭裁判所から承認を得ることができました。

成年後見人制度は制約が多く、こういった問題解決をしなければならないこともあり、今回は結果的に②の対策も同時に講じることができましたが、適用は慎重にしたほうがいいかもしれません。ただ、意思表示ができなくなると、保有資産を動かすことが困難になるので、対策は早めに行っておくことが肝要であることは変わりません。

第5条

親族間の共有問題解決には知恵が必要と心得るべし

(共有解決手法)

不動産の共有とは、一筆の土地や建物を複数の人で所有することであり、親の不動産を兄弟で相続したり、夫婦でマイホームを購入したりすることで、共有関係は始まります。共有不動産では、利用方法を決めるにも共有者の過半数の合意が必要で、自分勝手に利用することはできません。

また、共有持分自体は自由に処分できますが、現実的には共有持分だけでは市場性がないため、単独での処分は困難です。これらの共有の欠点は、共有者である兄弟間、夫婦間の考え方が一致している間は、全く問題になりません。

しかし相続が発生したり、共有者間で仲違いしたり、意見の相違が生じると状況が変わってきます。要するに、共有者間で売るとか売らないとか、建てるとか建てないとかのもめごとが発生するわけです。

この煩わしい共有関係の解消方法には、大きく分けて、次の三つがあり、共有不動産の特性、各共有者の要望に応じて分割案を策定することになります。

1　共有不動産を売却し、売却代金を共有者間で分割する
2　共有者の一人が、他の共有者の持分を買い取る
3　不動産を分割（分筆）し、単独所有にする

共有関係の多くは親族間であるため、専門家に相談せずに、ご自身で問題解決を図ろうとする方も多いのですが、税務上、法律上の問題が生ずることも多く、お勧めできません。不動産の共有関係の解消には、税理士（譲渡税、贈与税、相続税等）、不動産鑑定士（時価評価）、土地家屋調査士（分筆）、司法書士（登記）、弁護士（権利調整）等、多くの専門家の知識を必要とするものなのです。

どうしても共有者間で分割の話し合いがまとまらない場合には、裁判を行い、裁判所から共有不動産の分割を命ずる判決をもらうことができます。ただし、判決の分割方法が各共有者の満足いくものである保証はありません。

共有解消のためには、当初より専門家のアドバイスを受け、裁判という最終手段があることを頭に入れたうえで、共有者間の合意を取り付けることが肝心です。

第6条

共有は争いごとの種と心得るべし
(共有名義にならない家族信託活用)

不動産を平等に相続させても共有名義にならない「家族信託」という方法を紹介します。

家族信託の仕組みは、営利目的で行う商事信託とは異なり、家族が家族のために財産を管理・承継する形です。また信託とは、「委託者」が保有する財産を「受託者」に移転し、受託者が「受益者」のために、信託目的に従ってその財産を管理・処分をする行為のことです。この場合、受益者は委託者と同一人でも構いませんし、受益者に相続が生じた場合に、受益権を相続する者をあらかじめ決めておくことも可能です。

それでは、不動産の相続対策を想定して、家族信託について具体的に考えてみましょう。

図4－7のように、たとえば、賃貸マンション1棟を所有するEさんが3人の子ども(長男F・次男G・三男H)に平等に財産を相続させたい場合、賃貸マンションを信託財産として、委託者＝Eさん、受託者＝長男F、受益者＝Eさんとする信託契約をEさんが長男Fと締結するとします。

なおこの際に、次のことを信託契約で規定し、不動産に信託の登記を行います。

図4-7 遺言を兼ねた家族信託でもめごと防止を！

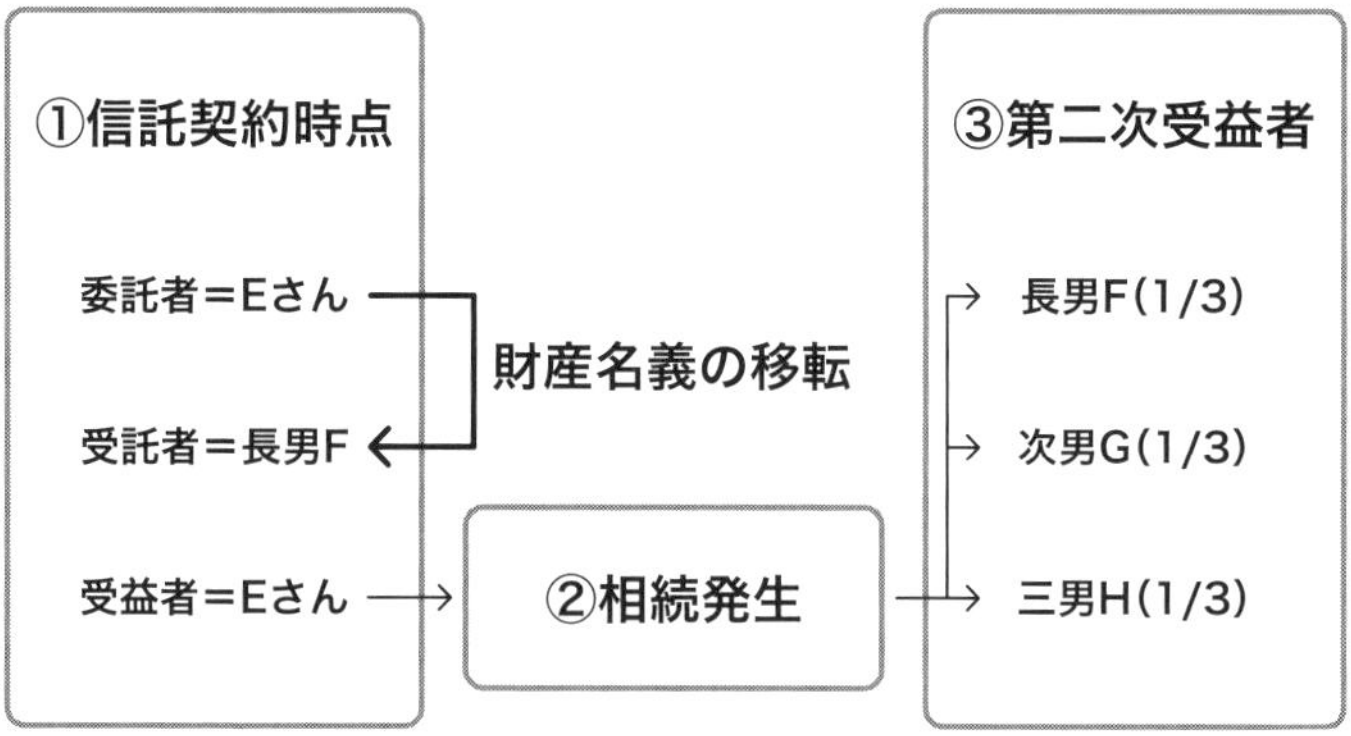

1　信託目的を受益者の生活資金等の確保とする

2　受託者Fは独自の判断で信託財産の管理・修繕・建替え・売却を行うことができる

3　相続発生後の第二次受益者をF・G・Hの3名とし、受益権を各々が3分の1ずつ引き継ぐ

その結果、長男Fの管理の下で、Eさんが元気なうちは、Eさんがマンションの賃料を受領し、Eさんに相続が発生した後はF・G・Hが平等に賃料を受領することになります。

そしてマンションの老朽化が問題になった際は、長男Fの独自の判断で修繕・建替え・売却等を行うことができるので、兄弟間のもめごとが原因で不動産が塩漬けになることも防げます。

なお、信託契約を結ぶことで財産の名義は委託者から受託者に移転しますが、その時点で贈与税はかからず、信託財産は受益者に相続が発生した際に相続税の課税対象となります。

不動産は分けることができず、かといって共有で相続させた場合、もめごとの種になりうるので、このような工夫が必要になるのです。

第7条 不動産オーナーこそ生命保険をうまく利用すべし（失敗事例から考える）

本来は相続財産でないものの、相続または遺贈によって取得したものとみなして、相続税の課税対象になるものを「みなし相続財産」と呼んでいます（図4－8参照）。

「みなし相続財産」は（本来の相続財産ではないため）、遺産分割の対象にはなりません。

つまり、「遺産分割の対象ではない」＝「争続（相続による遺産分割の争い）を避けるこ

図 4-8 みなし相続財産とは？

- ・死亡保険金等
- ・死亡退職金等
- ・生命保険契約に関する権利
- ・定期金に関する権利や保証期間付定期金に関する権利
- ・被相続人の遺言によって債務の免除を受けた経済的利益
- ・贈与税の納税猶予の特例を受けていた農地等や非上場株式等

とができる」ということです。

そこで、生命保険を使った相続対策の失敗事例をご紹介したいと思います。

被相続人である父は生前、長女を受取人とする生命保険契約を締結しました。これは、他の相続人である長男に、財産の大部分を相続させようと考えており、長女に相続させる（遺留分を満たす）財産がないことから、「争続」を防ごうと思い締結した契約でした。

しかし、生命保険金はみなし相続財産であるため、長女が受け取った生命保険金は、遺留分を充足する相続財産にならず（長女は生命保険金を受け取っても、長男に対して「遺留分の減殺請求」をすることが可能です）、争続対策としては、失敗となってしまいました。

「死亡退職金」もみなし相続財産となりますが、思わぬところに落とし穴があります。

「退職金規定」により支給額の算定方法は規定しても、「受取人」の規定を定めていない例が散見されます。この場合、状況などにより「本来の相続財産」となる可能性が高くなります。

たとえば、配偶者だけに死亡退職金を相続させようと思っても、受取人規定を定めていなかったことで、他の相続人とともに、法定相続分で分割取得することとなってしまいます。

また、「小規模企業共済」の共済契約者死亡による共済金の受取りにも注意が必要です。共済金を請求する権利（受給権）は、小規模企業共済法で定められておりますが、たとえば、第二順位者である「子」の取扱いです。兄弟姉妹がいる場合、均等に分割され、それぞれの固有の財産とされるため、たとえば「長男にすべて」といった分割や遺言が不可となります。

争続対策としても活用できるみなし相続財産ですが、意図したことが裏目に出てしまうことがありますので、十分検討のうえ実行されることをお勧めします。

第8条

相続対策は遠回りでも法人成りから検討すべし（一般社団法人での相続対策）

不動産オーナーの「法人化」による相続対策の動きが活発になっています。

法人化による相続対策とは、子が設立した法人に、親の不動産を移転することにより、移転した不動産については、親の相続財産から外せる、といったものです。また、法人化により、所得分散効果や個人と法人との税率構造の違いを利用する方策等のメリットを享受することもできます。

仮に、親の全財産を法人に移転した場合、子においての相続対策は完了することとなります。しかし、子は「自社株式」という相続財産を保有することとなり、孫においての相続対策が必要になってきます。したがって、法人化により、「不動産」という現物の相続対策の必要はなくなりますが、「自社株式」の相続対策を常に講じる必要があります。

法人化というメリットを享受しつつ、「自社株式」の相続対策が必要のない方法はないものでしょうか？

答えは、「あり」ます。「持分（株式）の定めのない法人」を活用すれば良いのです。

図4-9 株式会社と一般社団（財団）法人の比較図

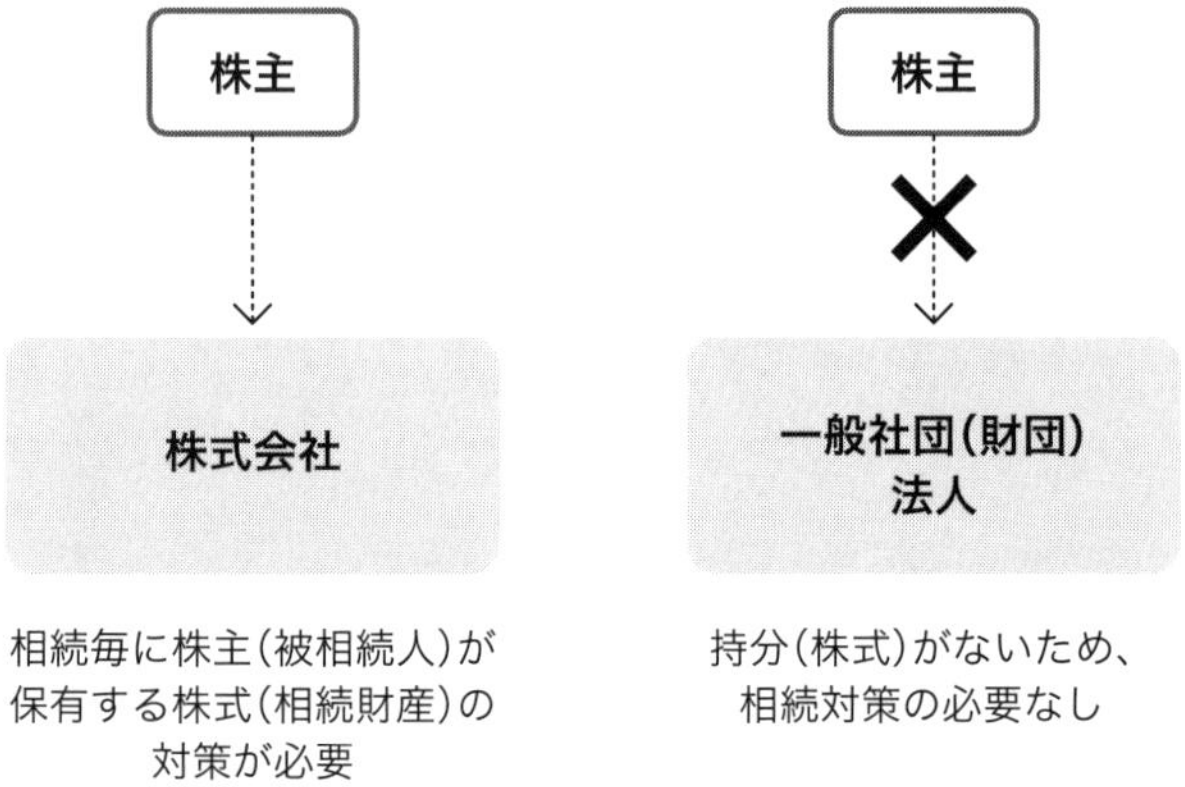
株主
株式会社
相続毎に株主（被相続人）が保有する株式（相続財産）の対策が必要
株主
一般社団（財団）法人
持分（株式）がないため、相続対策の必要なし

具体的には、一般社団（財団）法人の活用となります。株式会社では、重要な事項を決める際は、株主総会を開いて、採決を取ります。一般社団（財団）法人では、社員（いわゆる従業員ではなく、株式会社の株主に相当する人です）総会（一般財団法人では評議員会）を開いて、採決を取ります（**図4－9**参照）。

一般社団（財団）法人には持分（株式）がないことから、親の不動産を一般社団（財団）法人に移転させれば、法人が存続する限り、相続対策の必要はなくなります。この一般社団（財団）法人は、設立に際して、行政庁の許認可が不要で、登記のみで簡単に設立ができます。

簡単に設立ができて、相続対策の心配がいらないこの法人化を逃す手はないのでは？

第9条

「まず隗より始めよ」
（相続税減額を考えるために）

相続税制の改正が施行され、増税の不安が高まっている方も多いことでしょう。しかしその一方で、「小規模宅地等の特例」も見直され、被相続人が居住していた宅地を相続する際、一定の条件を満たせば、相続税の課税価格が80％減額される面積基準の上限が330㎡になり、これまでの240㎡から90㎡増加しました。

それゆえ被相続人の居宅が、敷地が広く路線価が高い場所にあるならば、この特例の適用によって、相続税の基礎控除額引き下げによる増税分をある程度相殺できる可能性があります。

さて、土地に関する相続対策といえば、借入れをしてその土地に賃貸住宅を建設する方法が一般的ですが、土地の利用区分を変えることで相続対策を行う方法も、同時に検討しておくべきでしょう。地続きの土地で所有者が同じであっても、相続税を計算する際、土地はその利用区分ごとに評価を行います。

図 4-10 土地の相続税評価額

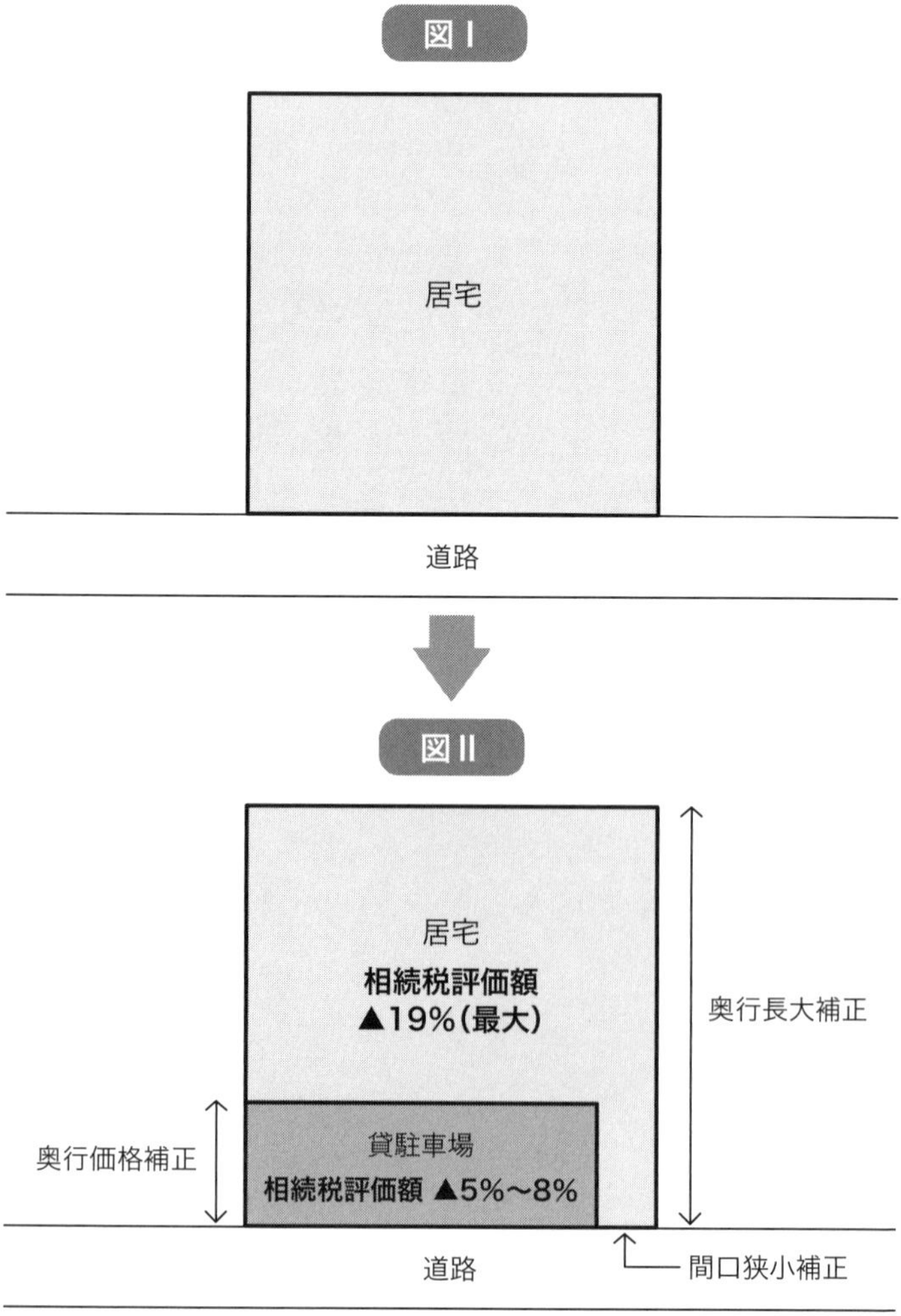

たとえば、居宅の敷地を一部区画を変えて貸駐車場とした場合、その駐車場と残った居宅の敷地は別々に評価することになるのです。

また、土地の相続税評価額は土地の形状が悪くなるに従って評価額も下がるので、この二つの原理をうまく使うことで相続対策を行うこともできるのです。

たとえば**図4－10－Ⅰ**のような土地に居宅がある場合、**図4－10－Ⅱ**のような貸駐車場を作ると、居宅の敷地と駐車場は別々の評価を行います。このケースでは居宅の敷地部分は間口が狭くなり、間口に対する奥行が長くなるので、住宅地区であれば、間口狭小補正と奥行長大補正を行うと相続税評価額は最大19％下がることになります（接道義務を満たさないような、著しく不合理な分割とならないよう、注意が必要）。

一方駐車場の土地は、奥行が短くなる場合は奥行価格補正によって5～8％程度評価が下がる可能性があります。居宅の敷地の相続で、小規模宅地等の特例が使えない場合や、土地面積が特例適用基準の上限を超えるような広い敷地の場合は、このようなシミュレーションを行ってみることも、大切な相続対策の一つとなります。

第10条

「借入れは必ずしも相続税対策にはならない」と心に刻むべし（収益不動産購入による相続税対策失敗事例）

相続税対策として都心物件の購入を検討されている方もおられます。

東京近郊の地主さんから「相続税対策で、都心駅徒歩7分の4億円の収益ビル（バブル期建築）をフルローンで購入したが、収支が悪化、持ち出しになり、どうしたらいいだろうか？」とのご相談がありました。

金融機関から「借入れでの相続税対策」をアドバイスされたようで、確かに相続税額は▲6000万円減額となっています。ここで「借入れ＝相続税対策」と考えるのは、間違えています。正確に言えば、時価と路線価の乖離、貸家建付地評価や小規模宅地の評価減等、ある意味、都心の収益不動産を購入したことによる相続税減額効果なのです。ここをきちんと理解されている方が、どれくらいいらっしゃるでしょうか？

元本返済部分は資産として形成されるのですが、返済がままならない状況は、本末転倒です。また、返済期間22年の間に支払う金利は、7500万円となり、相続税減額効果以上の金利を支払うことになるのです。

図 4-11　収益不動産購入の失敗事例

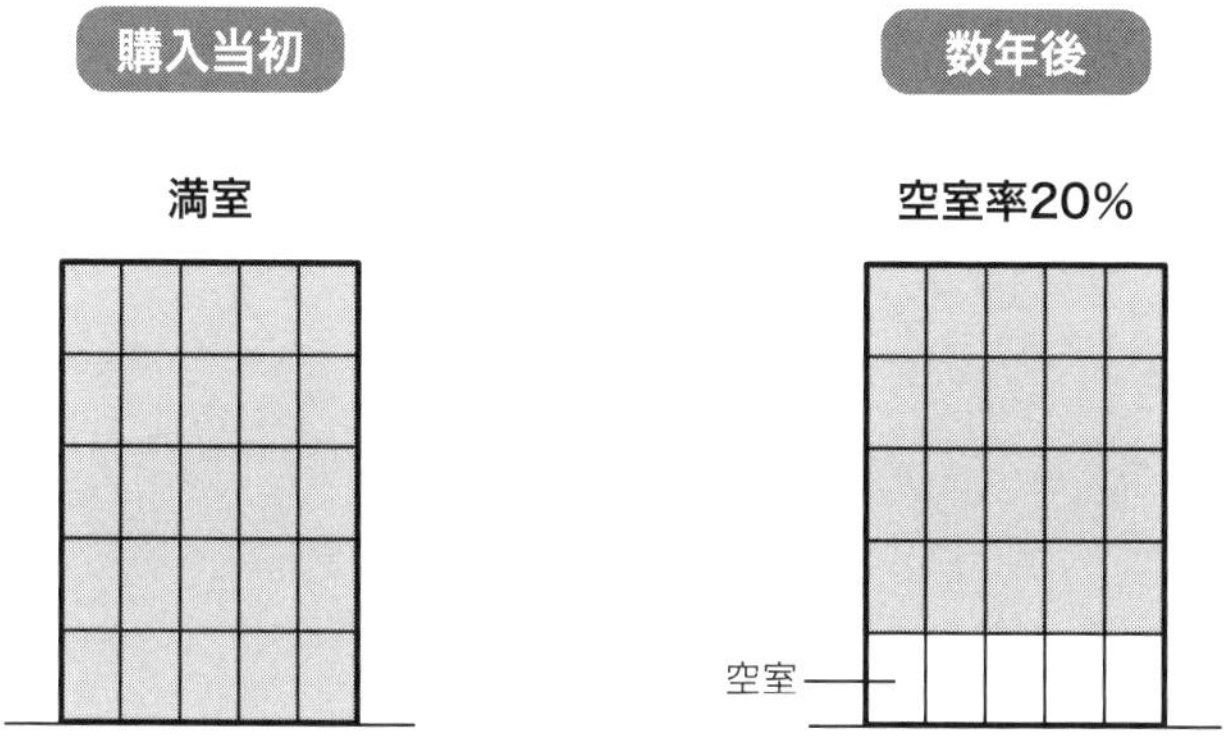

	購入当初	数年後
相続税減	▲6,000万円	▲6,000万円
賃料収入	2,800万円	2,240万円
管理費等	▲550万円	▲510万円
借入返済	▲2,150万円	▲2,150万円
手残り	＋100万円	▲420万円

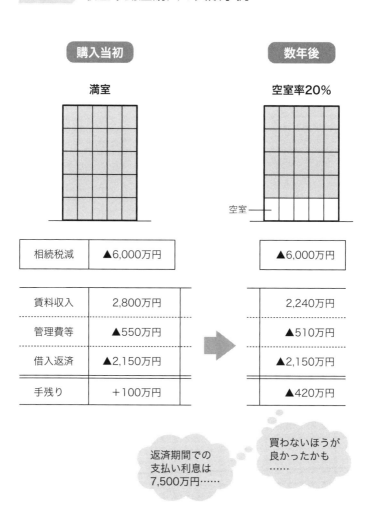

それでも、購入当初は満室で年間賃料も2800万円、借入れ返済後の手残りが100万円ぐらいはあったので安心していました（**図4－11**参照）。

しかし、そもそも駅から徒歩7分の住宅街にあるビルですから、一度空室になると、なかなか埋まりません。購入後数年のうちに空室が2割となり、年間400万円以上持ち出しとなり、返済もままならなくなりつつあったのです。

管理会社の変更、賃借人早期決定のための方策、金融機関交渉を行いながら、用途変更や長期修繕、油圧式エレベータ（部品製造中止予定）のリニューアルなどを考えると、場合によっては損切りしてでも売却せざるを得ない状況でした。

最終的には不動産市況が味方し、隣地の方に4億5000万円で売却。借入れも返済できたのでまだ良かったのですが、今でも「借入れは二度としたくない」と言います。本当に借入れしたことが間違いだったのでしょうか？

本来、借入比率が適正か？　市場に合致した賃貸物件なのか？　修繕費用はどれくらいかかるのか？　などを購入前に検討していれば、相続税対策にも、収益アップにもつながったはずなのです。

第11条

「活用が資産価値を下げる可能性もあること」視野に入れるべし

（土地活用による相続税対策失敗事例）

相続税対策の必要性から、土地活用の検討を始める方もおられます。

7年ほど前、「東京郊外の駅から徒歩20分の土地100坪にアパートを建てたのですが、空室が多く、今後どのようにしたらいいか」とのご相談がありました。

相続税対策を建設会社から勧められていたこともあり、1億円借入れし、ペット専用アパートを建てたのです。当初の想定では、ペット専用ということで競争力もあり、満室の場合、借入返済後、年間200万円程度の手残りが見込め、相続税も2500万円ぐらい減額が見込めました。

しかし、ここ数年で近くの工業団地の工場閉鎖によって空室が多くなり、賃料を下げざるを得ない状況でした。そうしたなか、繁忙期の3月を過ぎても空室が多く、赤字状態が続いていたのです。

「このままでは将来的に借入返済も難しくなってしまうのではないか?」というご不安が嵩じ、売却を検討されていました。

図4-12 活用で資産価値を下げてしまった失敗事例

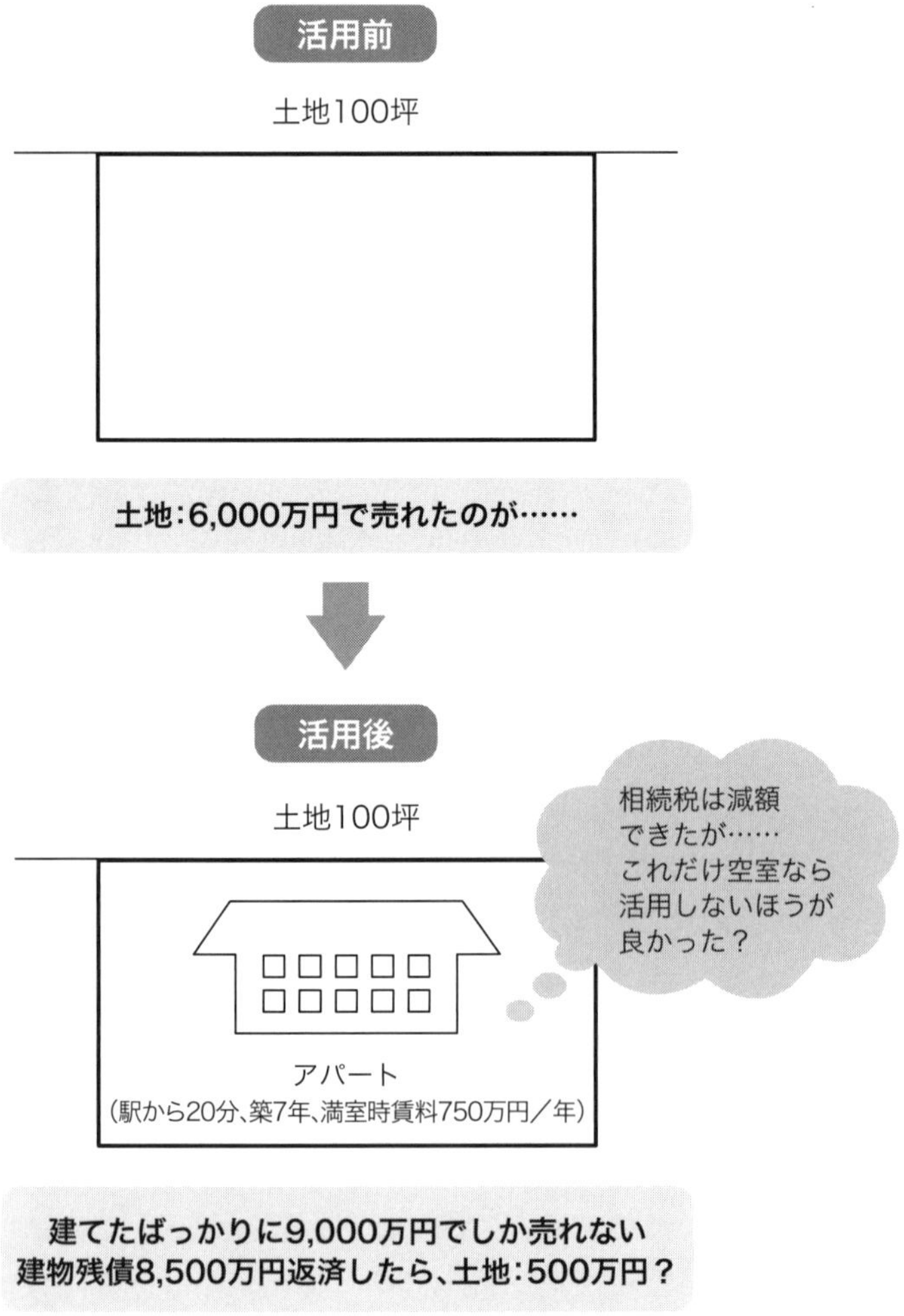

土地が坪60万円で6000万円、残債がまだ8500万円近くあったので、建物は8500万円と考え、積算価格の合計1億4500万円以上での売却を希望されていたのですが、全く売れません。

おわかりでしょうか？

満室想定での年間収入が750万円しかない、駅徒歩20分、築7年の木造アパートは、収益利回りで9％程度が売値の相場です。そうすると、売却して残債を返済するのがやっとの8000万円～9000万円でしか売れません。更地なら6000万円で売れた土地を、アパートを建てたばっかりに、土地はタダで売却するに等しくなってしまうのです（**図4－12**参照）。

結局は売却をあきらめ、募集を依頼する賃貸管理会社を変えたり、借入れ条件の良い銀行に乗り換えたりしたのですが、抜本的な解決には至っていません。

建てる前なら、活用方法からよく検討し、建築費を下げたり、場合によっては活用自体やめることもできるのですが、そもそも建てないほうが良かった土地を活用してしまった場合に取れる方策は、あまり多くありません。相続対策も重要ですが、あくまでも賃貸事業という視点からの検討が重要なのです。

第12条

収入アップが一番と心得るべし（サービス付高齢者向け住宅での活用は業者選定が大切）

介護施設を誘致することも多いのですが、サービス付高齢者向け住宅（サ高住）は、2011年の制度創設以降増加の一途をたどり、登録数は21万1000戸以上（6500棟以上）となりました。短期間でここまで増えた理由として、基準さえ満たせば「建築費の補助金が支給される」「税制面、融資に於いて優遇措置を受けられる」という制度が追い風になったことが考えられます。

では、なぜこれほどの優遇措置があったのかといえば、国が増え続ける社会保障費を抑制するため「医療から介護へ」「施設から在宅へ」という方針を掲げているからです。サ高住は、外部の介護サービスが利用できる賃貸住宅のため、「在宅介護」に該当します。

ところで、サ高住は国の方針に沿った制度になっていますが、それを利用する消費者のニーズに合ったものなのでしょうか。総務省統計によると、全国の持家比率は、高齢者（65歳以上）の配偶者がいる夫婦世帯で87・2％、高齢者単身世帯で65・7％になります。

また、内閣府の「高齢者の健康に関する意識調査～医療に関する事項」では、最期を迎えたい場所として54・6％の人が自宅を希望しており、高齢者向けのケア付き住宅を希望する人は、4・1％に止まっています。

さらに、高齢者住宅財団による調査研究によると、サ高住の入居動機（複数回答）では「独り暮らしが不安になった（78・5％）」「介護が必要になった（73・4％）」という理由が多く、「自宅の管理が大変になった（13・1％）」「バリアフリー化されているから（9・4％）」を大きく上回っています。

つまり、高齢者の多くは持家に住み自宅で最期を迎えたいと思っているが、介護サービス等が必用な場合に、サ高住に入居しているのが実態であるといえます。

しかし、現状のサ高住では、入居者が賃貸住宅事業者系列の介護事業所でサービスを利用することが多く、そのサービスの質はかなりバラツキがあります。質の高い介護職員が確保できない事業者がある一方、事業者がケアマネジャーを指定し、必要のないサービスを入居者に押し付けるケース等も見受けられます。

今後、サービスの質が悪い事業者は競争に負け、経営が行き詰まるところも出てくるでしょう。サ高住を建築して土地活用をする際は、体験入居なども積極的に利用し運営事業者の経営内容をよく見極める必要があるのです。

第13条

「建て替えは綿密な計画が大事」と心得るべし

（建て替え失敗事例）

「アパートも古くなり、空室も増えてきた……そろそろ建て替えの時期かな？」と考えられているオーナーの方も多いかと思います。しかし待ってください。本当に建て替えがベストなのでしょうか？　そもそも、借入れし、建て替えさえしたら満室経営できる立地なのでしょうか？　大規模リフォーム、組み換えなど、数字で検証したのでしょうか？　たとえ建て替えがベストだとしても、思わぬところで足をすくわれないよう計画を立てることが重要になってきます。

数年前に、「都内の駅徒歩3分に建つ、鉄筋コンクリート造、築37年の店舗兼賃貸マンションを2億円で建て替えたい」とのご相談がありました。

旧耐震（昭和56年5月までの建築確認）の建物ですが、立退き料の支払いを嫌い、同時期に定期借家契約が終了するように計画を立ててきたとのことで、大規模修繕をするか、テナントに退去いただくかを判断するつもりだったようです。ただ、よく見ると、定期借家契約終了の通知をしていなかったり、昔からの付き合いで「話せばわかってくれるだろう」と思い、定期借家にしていなかった店舗が1軒ある状況でした。

早速、店舗へ退去いただきたい旨の話をしに行ったのですが、店舗側も死活問題で、高額な立退き料を要求してきました。要するに甘い見通しにより計画を立てていたのです。

そればかりではありません。立退き交渉を2年ぐらいかけて行ったため、その間に他のテナントも定期借家の期限どおり退去し、賃料が入ってこない状況に陥ってしまいました。

一方で、新規テナント募集、建て替えの計画を進めるなかで、予期していなかった山留めや、既存の杭を避けて新たな杭を打設しなければならなかったため、多大な基礎の補強が必要になったりしただけでなく、立退き交渉の間に建築費も高騰し、総事業費も当初の2億円ぐらいから3億円近くに上がってしまいました。

本当に建て替えたほうが良かったのでしょうか？　せっかく良い立地にあるので、耐震補強のみ、または、リフォームするという選択肢はなかったのでしょうか？

最終的には立退き料を支払い、建築費がアップしても立地が良かったので、計画を中止するには至りませんでしたが、耐震補強費用相当額の一部の補助金を受けたり、他の不動産を一部売却するなどして、自己資金を投入せざるを得なくなってしまいました。

そもそも、落ちがないか最初に確認していれば、時間をかけず、相続税対策、収益アップ対策ができたはずなのです。

第14条

365日、収益改善を図るべし

（貸地を貸家へ転換し収益アップした事例）

貸地は収益性、流動性が低く、相続税もそれなりにかかるので、地主さんには悩みの種です。都内の地主さんから、駅徒歩3分の好立地にある70坪（3件）の貸地整理、収益アップの御依頼がありました（**図4－13**参照）。

借地人Kさんには底地売却、借地人Jさんとは借地権購入で話がまとまりましたが、借地人Iさんは身寄りもなく病気を患う未亡人で、「死ぬまでは住み続けたい」とのお話しでした。Iさんは底地を購入しようにも融資が難しく、かかりつけの病院や友人関係を考えると、借地権売却後、同じ地域での自宅購入は難しい状況でもありました。

一方で、地主さんは、Iさん、Jさんの土地単独ではなく、合わせて活用すれば、容積率や収益性も高まるので、Iさんの借地権も購入したいとのことでした。

そこで、弁護士さんとも相談しながら、まずは地主さんがIさんの借地権を買い取り、

図4-13 貸地を貸家へ転換し収益アップした事例

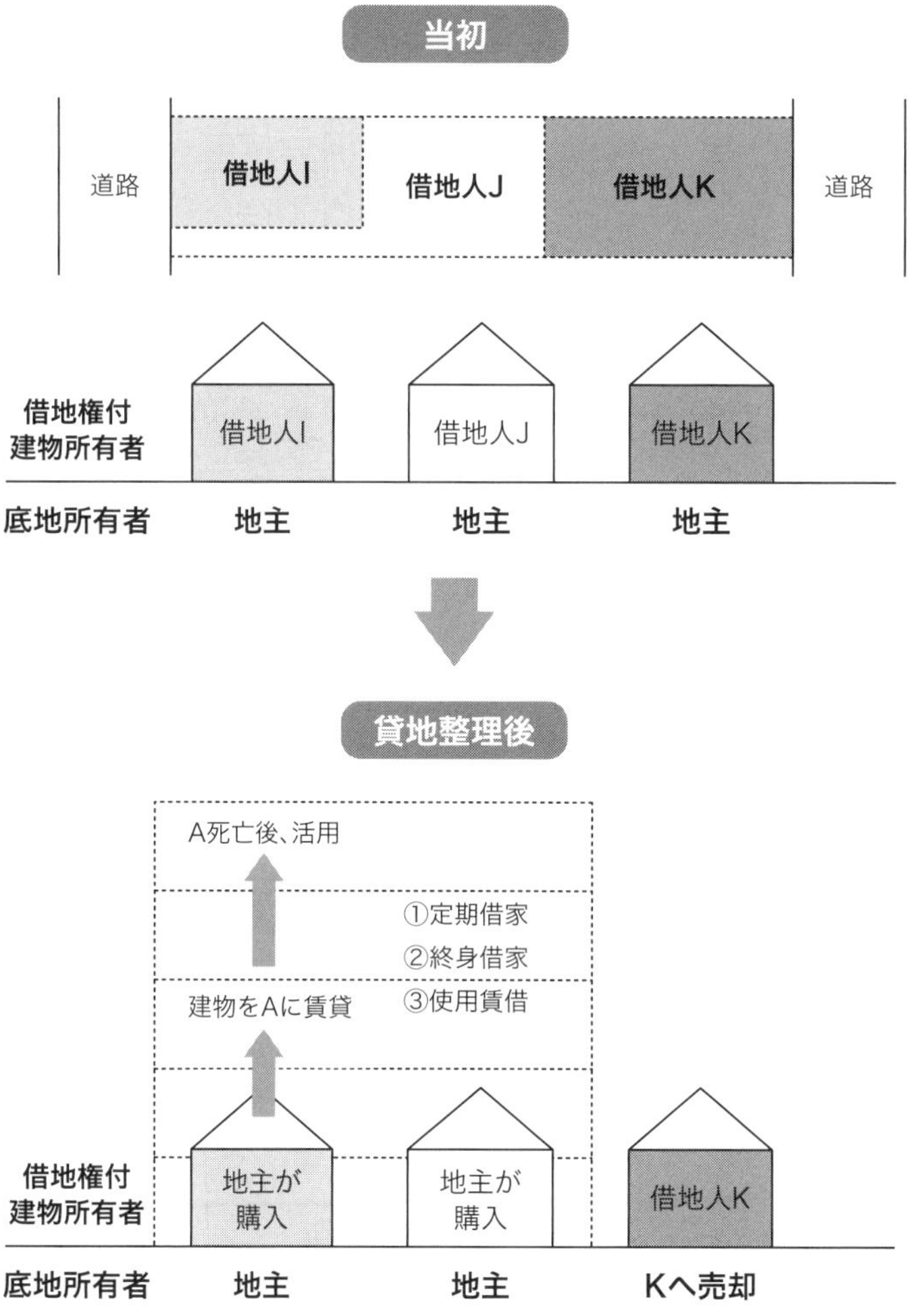

Ｉさんにはそのまま住み続けていただくことを提案したのです。地主さんはまだ40代でもあり、先のことを考え、ＩＪ合わせた土地活用での収益アップを優先に考えたのです。このとき、借地権の買取り金額は、地代（家賃）が低い賃借人付なので、通常より低めで、双方納得されたのですが、問題は借地権を地主さんが買い取った後の方策です。

Ｉさんが住み続けながら、賃借権の相続を排除するためには、建物を次の三つの契約で貸すことが考えられますが、いずれも問題が残ります。

①定期借家
②終身借家
③使用貸借（固定資産税程度はＩさん負担）

①の定期借家の場合、定期借家自体に疑義が生じること。「賃借人死亡」のような不確定な期限でなく、２年ごと等の契約を繰り返さざるを得ないこと。

②の終身借家の場合、正当事由制度の適用は排除できるが、知事の許可が必要なことのみならず、建物にバリアフリー等が必要で難しいこと。

③の使用貸借の場合、相続はしないが収益性が劣ること、などが考えられました。何度も話し合いをし、最終的には賃料を地代＋α程度に低くした定期借家としたのです。問題は残るものの、地主さんは将来の収益性アップに期待を残し、借地権を安めに購入でき、Ｉさんは居住用不動産の売却で譲渡税もなく、今後の生活資金に余裕ができたのです。

第15条

「収益アップに聖域なし」と心得るべし

（固定資産税還付事例）

小規模住宅用地は、固定資産税６分の1、都市計画税３分の1となる特例措置が適用されますが、平成27年から、著しく危険などの「特定空き家」にみなされると、特例対象から除外されることとなりました。昨今は、固定資産税について聞かれることも多く、同時に固定資産税見直しの依頼も増えています。二つの事例を見ていきましょう。

①小規模住宅用地の特例適用による還付

当初は駅前商店街沿い、築30年、ＲＣ３階建ての建物を、賃貸マンションに建て替えたほうが良いのか？　というご相談でした。バブル期の建物らしく、かなり豪華な作りの建物で、新築当時から事務所として一括賃貸していました。

しかし、10年前に賃借人が転出した後は、事務所としてはテナントがなかなか見つからず、結局2階、3階をリフォームして長男家族が住んでいました。まずはさまざまな検討をするため、固定資産税の課税明細をいただいたのですが、よく見ると「小規模住宅用地」の記載がないのです。床面積の過半を住宅としている場合は、全部小規模住宅の特例適用のハズですが、外部から見ると事務所に見えるので、修正がなされなかったようです。

早速税理士さんに相談し、役所の固定資産税課に話をしてもらったところ、5年分（重大な錯誤であれば最大20年分も可能）の固定資産税の還付を受けられることになったのです。金額としては、２５０万円弱で、相談者の資産規模からすると決して大きくはない金額ですが、これから長きにわたり軽減されることを考え、大変喜ばれていたのが印象的でした。

最終的には、年50万円、固定資産税負担が軽くなったことも影響し、また、建て替える場合には、長男家族が別の場所で賃貸マンションを借りるのももったいないので、そのまま住み続けることとし、1階に店舗を誘致したのです。

このようなケースはそれほど多くはないかもしれませんが、建物構造や面積を間違えていたりすることは意外と多いものです。

②私道での還付（図4－14参照）

自治体の解釈の違いや周囲の状況などによって取り扱いが違うこともあるのが私道です。地方税法によれば、公共の用に供する道路、運河用地および水道用地は、固定資産税を課すことはできないとあり、公共の用に供する道路とは、「何ら制限を設けず、広く不特定多数の利用に供する道路」となっています。

42条2項道路などセットバックを要する部分についての固定資産税は原則非課税となります。ただ、図4－14のような行き止まり私道については、非課税が認められることも多い一方で、「道路使用者が特定の者であり、不特定多数の利用に供しているとは言えない」として非課税が認められないこともあるのです。全く同じ状況ではないので正確に比較することはできませんが、交渉によっては結論が違うのも事実かもしれません。

また、図4－14のように一筆の土地に戸建貸家6戸を建てている私道部分については、その道路部分を分筆しなくても非課税が認められたケースもあれば、「分筆しなければ非課税は認められない」と言われたケースもあるのです。

前記で取り上げた以外にも、アパートに隣接した居住者用駐車場を小規模住宅用地としたり、敷地の高低差、崖地、不整形などの評価減を適用させたり、さまざまなケースがあります。しかしながら、これは税理士さんを責めるべき問題でもありません。というのも、固定資産税は税務申告をするのではなく、地方自治体から一方的に賦課される賦課税であることもあり、チェックが行き届かず、一方で固定資産税に詳しい税理士さんも少ないのが現状だからです。

ときには、不動産鑑定士さん、税理士さんや固定資産税に詳しいコンサルタントに任せたりしながら、自分の財産は自分で守るしかないのです。

図 4-14 固定資産税還付事例

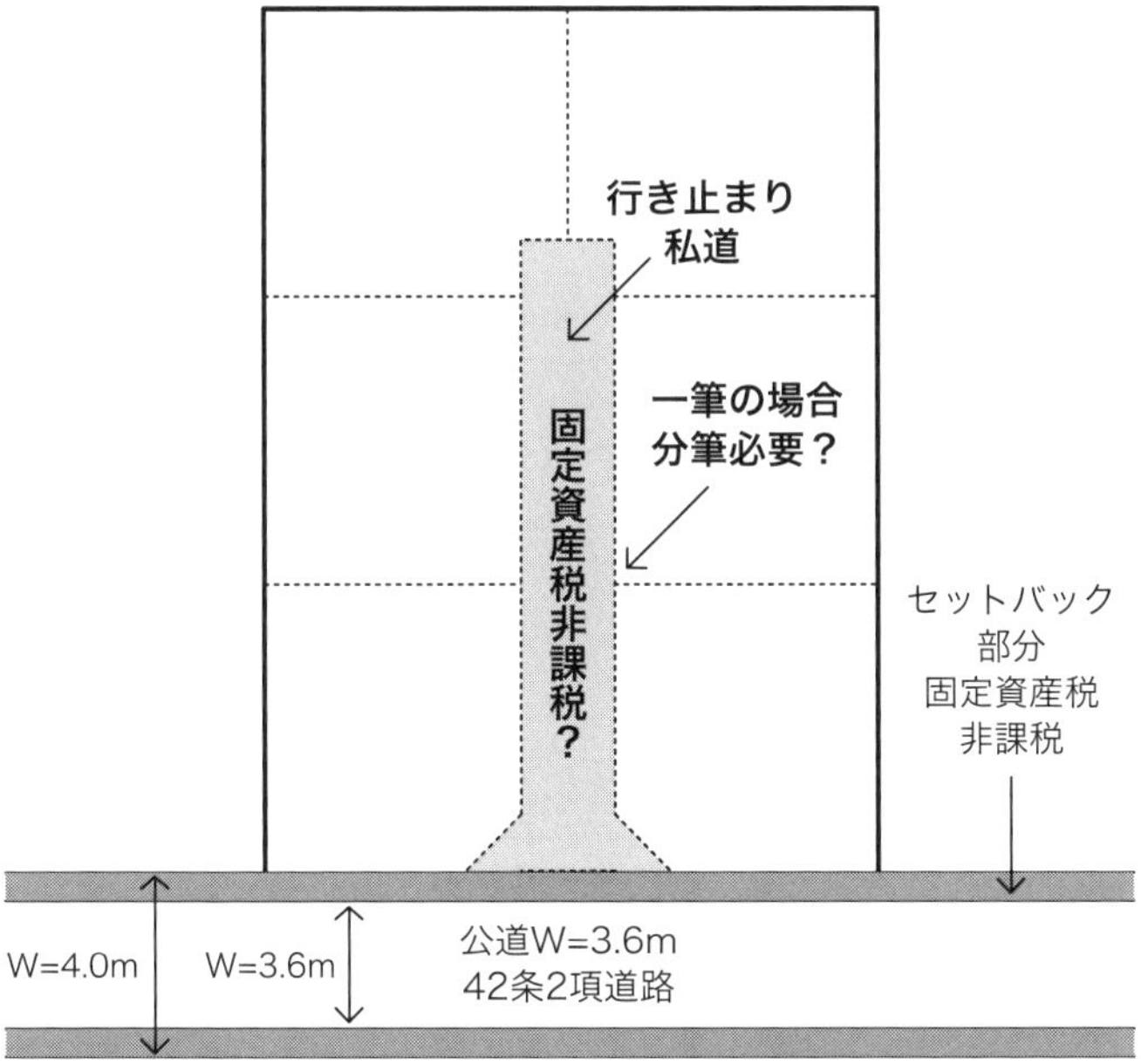

第16条

収益アップできないときは組み換え、資金化を考えるべし（テナント退去時の多額の保証金返還を区分所有登記で乗り切った事例）

Lさんは、都内有数の繁華街に店舗ビルを所有しています。バブル期に建てられたこのビルの1階部分には、新築当初に現在の相場では考えられない高額の保証金を差し入れたテナントが入居しています。これまでの約30年間、周辺の相場賃料の下落に伴い、数回の賃料の値下げを行ったことはありましたが、Lさんとテナントとの間には特にこれといったトラブルも無く、良好な関係が続いていました。

ところがある日突然、テナント側より賃貸借契約を更新しない旨の通知がなされ、賃貸借契約が終了するとともに、Lさんはテナントから預かっていた高額の保証金を返還しなければならなくなりました。Lさんにはそんな手持ちの資金はありません。取引銀行に相談してはみたのですが、保証金全額の融資は難しいようです。賃貸借契約の終了日が近づいてくるなかで、進退窮まったLさんは相談に来られたのです。

早速Lさんに同行し、テナント側と交渉することになりました。テナント側は、私が用意した「将来の賃料と保証金返済額を相殺する（保証金返済額に至るまで、賃料支払いを免除する）」という提案には承諾しなかったのですが、話し合いの中で、テナント側は複数の商業ビルを所有しており、Lさんのビルも投資対象として興味を持っていることが窺えました。Lさんにそれとなく打診してみると、Lさんとしては、「現段階ではビルを手放す気はないが、保証金と引き換えにビルの1階部分を提供することで話がまとまるのならばありがたい」とのことでした。

早速、不動産鑑定士にテナントに賃貸している1階部分の価格査定を依頼して保証金と当該部分の等価性の検証を行い、土地家屋調査士には、建物の区分登記の実現性について確認をしました。また、建物に銀行の抵当権が設定されていたため、1階部分の抵当権の抹消を銀行に認めてもらう必要もあります。

このようなややこしい取引で重要なのは、細部まで詰めることです。たとえば区分所有という形態は管理規約をしっかり定めないと、後々トラブルになります。詳細にわたる検討の結果、Lさんとテナント両者とも満足できる条件で話をまとめることができました。

ビルオーナーの中には敷金、保証金を使ってしまっているケースも多く、建築費の借入負担を減らすという意味では理のある話なのですが、一括返済を迫られたときにどうするかは事前に検討しておく必要があるのです。

第17条

三方一両得を常に心掛けるべし（裏通りの土地所有者と共同での等価交換事例）

不動産相続コンサルティングをやっていると、さまざまな権利関係をめぐる調整が必要です。相続における分割問題、貸地の問題、共有の問題、土地境界の問題、囲繞《いにょう》地《ち》の問題、接道の問題……数え上げればキリがありません。

ＪＲ駅徒歩３分の商業地域30坪（**図４‐15**Ｍさん所有のＭ）の土地活用をやって大丈夫か？　というご相談です。市場調査の結果、賃貸マンションを建築することになったのですが、土地が小さく、利用効率が悪く、建築費も割高で、２億円近くの借入れをすることを考えると、あまり魅力のない計画になってしまいそうでした。

そこで、「裏の土地70坪（**図４‐15**Ｎさん所有のＮ）と共同で等価交換」という提案をしました。Ｎさんは売却を検討していたようですが、裏通りで幅員が４ｍだったので、基準容積率も小さく、思ったようには高値売却ができないようでした。

ここで、依頼者Ｍさんだけの利益を考えると、Ｎさんに「土地の時価の比率で床を分けよう」と話をするのでしょう。しかし最終的には、Ｎさんに「土地の時価の比率と、土地

図4-15　裏通りの土地所有者と共同での等価交換事例

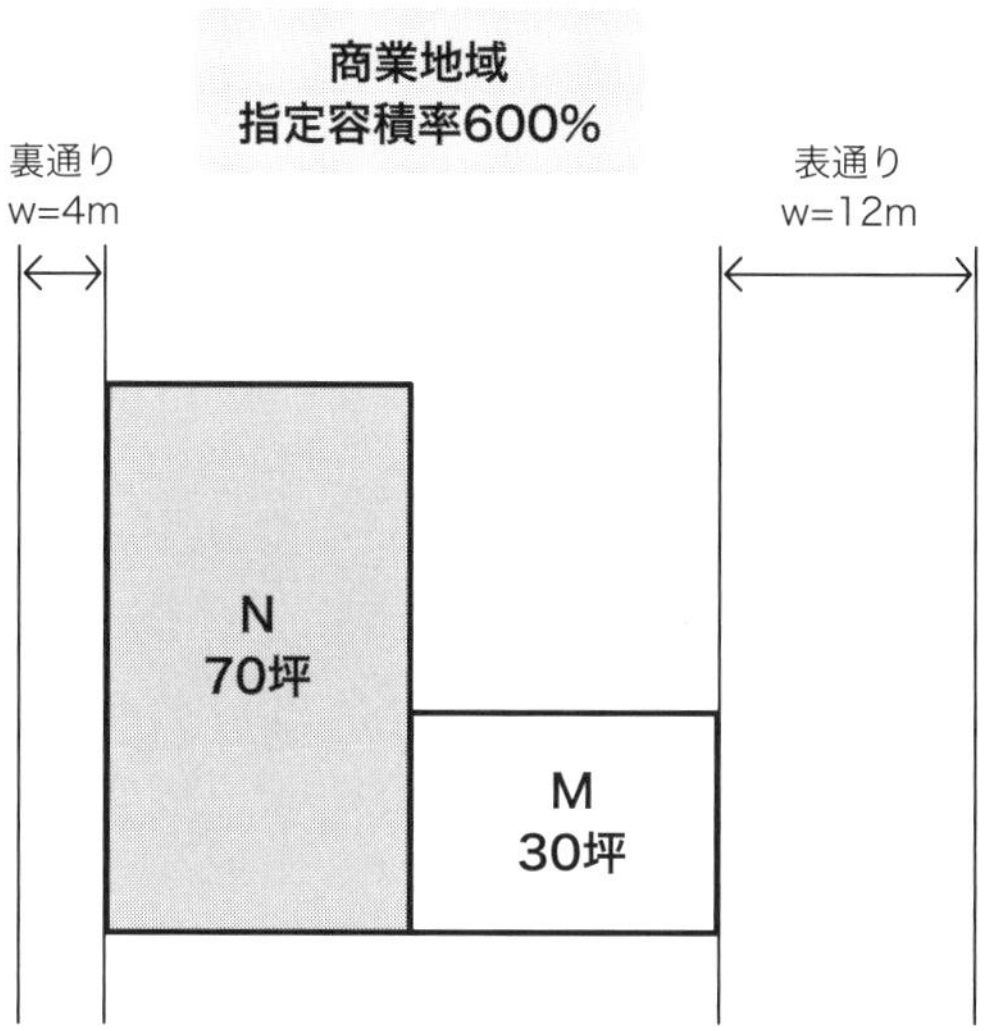

		N	M	合計
	指定容積率	600%	600%	−
単独活用	基準容積率	4m×0.6= 240%	600%	−
	許容床面積	70坪×240%= 168坪	30坪×600%= 180坪	348坪
共同活用	基準容積率	600%		−
	許容床面積	(70坪＋30坪)×600%= 600坪		600坪

土地の価値が
1.7倍にアップ!!

の面積比率の間をとって床を分けよう」と話をしたのです（日本人的なのですが、よく行われている方法です）。

M30坪、N70坪が、別々に建物を建てると、あわせて３４８坪しか建たなかった土地が、Mの持つ容積率６００％とNの持つ土地面積が手を組むことによって、６００坪の建物が建つ土地に生まれ変わるのです。そして、MさんとNさんが共同で等価交換による共同事業をすることによって、Mさんにとっては単独で活用した場合より借入れがなく、１．７倍以上収支が良くなり、Nさんにとっては高値売却ができたのです。

相対する権利関係の調整が必要なときに、「得をしたい」という気持ちはある程度は仕方ありません。我々プロは、このように付加価値をプラスすることを常に考えているのですが、そううまくいくことばかりではありません。そんなときに一番大事なのは、「三方一両得」なのかもしれません。

第18条

感謝の心、忘れるべからず

これまで、相続対策における実例を中心にお話ししてきましたが、すべてに共通するのは、財産の棚卸しからはじめ、財産の棚卸しに終わり、変化のたびに、それを行い続けることです（**図4－16**参照）。

私はこれまで、20年の間、不動産オーナーの相続対策を軸に、不動産オーナーとお付き合いさせていただいてまいりました。相続対策が入り口のときもあれば、土地活用が入り口のとき、不動産売却、不動産購入が入り口のとき、等価交換が入り口のとき、建築費削減が入り口のとき、借地等の権利関係の調整が入り口のとき、果ては税金対策が入り口のとき、法人設立が入り口のときもあり、時には一緒に喜び、時には一緒に涙してきました。中には「明日、請負契約だが、本当に土地活用して大丈夫だろうか？」という方もおられました。

相続対策をお考えの方とのお付き合いは、お持ちの不動産を将来にわたって、どのようにしていくかのお話でもあり、長きにわたってお付き合いさせていただくことも多いので、最後は遺言の執行人の依頼をいただくこともあります。皆さんそれぞれ事情は違いますが、皆さん悩んでおられています。それは、財産の多寡ではありません。

ただ、うまくいっている方にも共通点があり、それは感謝の心を持ち続けることなのかもしれないと最近とみに感じます。前職、青山財産ネットワークスでの上司だった方が

図4-16 相続税額試算書

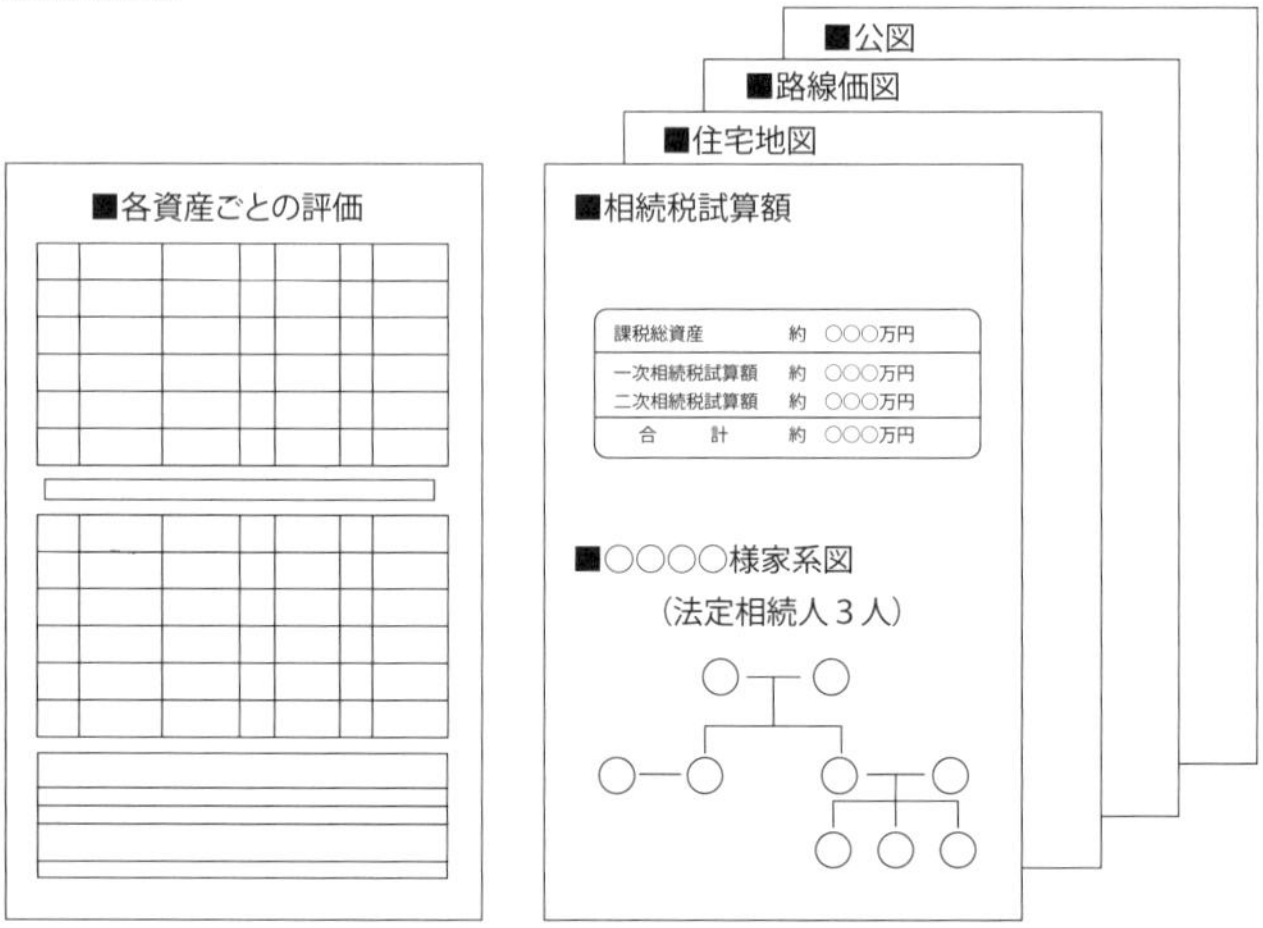

常々言っていた「盥（たらい）の水理論※」を思い出します。感謝の気持ちがあれば、与えることができ、与えることができれば、やがては自分にも還ってくるのです。

そして、私が常に心掛けていることは「あとでその方とお会いするのも憚られるような仕事はしない。長いつき合いができる不動産コンサルティングマスターでありたい」ということです。

お読みくださり、ありがとうございました。

※「盥（たらい）の水理論」……たらいに入った水を、全部自分のほうに寄せようとすると、手前の縁に当たって、すぐに縁伝いに自分から離れていく。水を相手側に送ると、相手側の縁に当たった水が縁伝いに波に揺られて自分のほうに集まる。そして、相手側に送り続ければその波は止まらない。

会社紹介

其の五

幸せを絆《つな》ぐコンサルティング

株式会社
K-コンサルティング

代表取締役 **大澤健司**

社　名	株式会社K－コンサルティング
住　所	〒277-0005　千葉県柏市柏4丁目6-3　新栄ビル5F
電　話	04-7192-8306　FAX：04-7192-8307
HPアドレス	http://www.kconsulting.co.jp
所属団体	・公益財団法人　全日本不動産協会 ・千葉県不動産コンサルティング協議会 ・NPO法人　相続アドバイザー協議会 ・柏市商工会

大澤健司《おおさわけんじ》

生年月日　1970年9月26日
出身地　大阪府枚方市
家族構成　妻　長男　長女
職歴
・株式会社加賀ホーム
・有限会社マツザカハウス
・株式会社サンヨーホーム　専務取締役
・株式会社ピージージー　代表取締役
・株式会社サンヨー不動産コンサルティング　専務取締役
・株式会社 K-コンサルティング　代表取締役
資格
・公認 不動産コンサルティングマスター
・相続対策専門士　不動産有効活用専門士
・宅地建物取引士
・ファイナンシャルプランニング技能士2級
・NPO 法人 相続アドバイザー協議会 上級アドバイザー
・賃貸不動産経営管理士
・空き家相談士
趣味　仕事
好きな言葉
・生きては人に喜ばれ、死んでは人に惜しまれる
・頼まれごとは試されごと

プロフィール

1　私の経歴

平成7年、就職氷河期といわれていたころ、私もご多分にもれず就職に苦労しました。

大学生時代はパチンコが好きで、パチンコ店でアルバイトをし、日中はパチンコ、夕方からアルバイトと学校にも行かずこんな毎日を過ごしていました（お陰さまで、この時の経験から今ではギャンブルには興味はありませんが）。大学4年になり、単位が足りず卒業できないことがわかり、『こんな大学なら留年までして卒業しても意味がない』と親にも相談せずに勝手に大学を中退し、好きなパチンコ店に就職しました。

当時、パチンコ店は給料も良く、

「店長までなれば年収800万円は稼げる」

と言われ、これは自分の天職と思い、就職しましたが、しばらくして、勤めていた店の店長から、

「パチンコ屋は社会的に信用がない。クレジットカードすら作れない」

という話を聞き、私はなぜかとてもショックを受け、退職しました。

ちょうどそのころ、親から「いい加減に帰ってこい」と言われ、実家のある茨城へ戻り

ました。実家に戻ったものの、少しゆっくりしたいと朝起きたら、好きなパチンコ店に向かい、一日中パチンコ。あっという間にお金がなくなり、そろそろ就職活動でもするかと就職雑誌を買って、貸金業、不動産業を探しました。同じ働くなら、かっこいいスーツを着て仕事をしたい、お金を稼ぎたいと思ったからです。当時は、この二つの業界は給料も良く、『未経験者歓迎！』という見出しも多く見られました。今までアルバイトの面接では落ちたことがなく、自信もありました。

大手貸金業者が２００人の採用をすると新聞に大きく掲載されていて、当然採用される、くらいの気分で面接会場に向かいましたが、一次面接であえなく不採用。面接の前から、落ちることなど考えてもいなかったので納得がいかず、その企業に不採用の理由を教えてほしいと連絡しましたが、理由は答えられないとのこと。何かの間違いだと、２回目の募集にも応募しましたが、またも一次面接で不採用。大学中退が理由かもしれない、その分やる気を見てもらおうと、３回目の募集にも応募しましたが、面接の際、

「あなた3回目の面接だけど、やる気を見せようと思っても無駄ですよ。大学中退でこれといった特徴もないので、採用することはありません。もう応募しないでください」

と、信じられない言葉でした。

その後も就職活動を続けましたが、ほとんどが履歴書の審査だけで面接もしてもらえません。やりたいこともなく、ただなんとなくという理由で大学を中退し、仕事なんていつでも見つかるとたかをくくっていた私が、初めて大きな挫折を経験しました。

あっという間に半年が過ぎ、親からも「これからどうするんだ！」と毎日のように小言を言われ、家にいることが苦痛になりアルバイトでも始めようと、『オープニングスタッフ募集！』の広告を見て、ライブハウスの面接を受けたところ採用！　久しぶりに誰かに認められた気がして、とてもうれしかった記憶があります。ウェイターのつもりで入りましたが、バンドの出演がないときは、女性客の接客、席についてお客様を楽しませる結局ホストのような仕事でした。店が終わってからのお付き合いもあり、最初は少し抵抗がありましたが、それでも、半分遊び、半分仕事くらいの感覚で楽しくやっていました。今思えば、この時の経験はとても大きく、お客様の接客はとても勉強になりました。酔ったお客様は、楽しければ長く居てくれますが、つまらなければすぐに帰ってしまいます。お客様が感じたことが素直に行動にでるので、気分良く過ごしていただくには……と接客における基本的なところを教わったと思います。

水商売のアルバイトをしながらも、就職活動は行っていましたが、相変わらず、履歴書

図5-1

だけで面接もされずに不採用が続き、面接まで進んでも、
「大学も続かない人が会社続けられますかね?」
と、面接官に言われたこともありました。
そんなころある企業の社員募集を見て、ふと『大学卒業だったら自分は採用されるのか?』と思い、履歴書に「大学卒業」と偽って記載し応募したところ、二次面接も通過し、採用通知が届きました。『やはり学歴だったのだ。大学を卒業していないだけで、決して自分自身を評価されていないわけではない』と自信を持ちました。数日後、採用された企業から大学の卒業証書の提出を求められた際に、実は中退だと話し

ても、「あなた自身を評価しているから問題ない」と今なら言ってもらえることを期待して、事実を話すと、

「うちは嘘をつく方を採用する気はありません」

とあっさり採用取り消しになりました。

大学中退は自分にとって取り返しのつかないことだった……。

このときは本当に後悔しました。

たしか、忘れもしない32社目の企業で何とか面接してもらえることになりました。しかし面接終了後、1週間たっても連絡はなく、『また駄目か……』と思いながら、その企業に連絡を入れると、採用であるとの意外な返答がありました。誰か他の応募者と人違いされている不安はありましたが、とにかく入社してしまえばこっちのものだと、即入社を決めました。この会社は、土地の販売をして、お客様から建物の請負工事を受注する建築条件付きの土地分譲専門の会社でした。ここから私が公認 不動産コンサルティングマスターになる第一歩が始まりました。

土地分譲専門の不動産会社に就職したものの、不動産のことは全くの素人で、最初はただ先輩に同行するだけでしたが、入社してちょうど1ヶ月経ったころ、先輩たちが全員外

出しているときに、おそらく20代くらいの若い感じのお客様から物件に対する問い合わせの電話があり、お客様の連絡先を伺い、戻った先輩にこのことを伝えると、

「若い客ならいいや、お前やってみれば」

と私の第1号のお客様になりました。

　初めてのお客様は、27歳のご夫婦でしたが、先輩からは、

「若い人だから予算が難しいと思うよ。初のお客さんだからとりあえずやってみな」

とのこと。お客様と何を話したらいいのかさえわからず、まず物件を案内しました。事務所に戻って、次はどうしたらいいのかを先輩に聞きながらお客様と話をして、お客様から尋ねられたことをまた先輩に聞いて答えるという、何とも不格好な対応でした。お客様には「入社して間もなくて、わからないことだらけですみません」

と謝りながら接客したことを覚えています。

　お客様が帰られた後、夜、お客様に、

「今日はありがとうございました。まだ新人ですが一生懸命やりますのでよろしくお願いします」

と、来店のお礼の気持ちと誠意だけでも伝わればと思い、電話をしました。

次の来店の時に、先輩から、

「若い方は住宅ローンに不安があるから、自己資金を確認しておくように」

と言われ、自己資金を尋ねると、

「私たちは共働きで、マイホームを買うために結婚前の付き合っているころから二人で貯めた貯金1500万円があります」

と、予想外の返事でした。その夜、何を話すわけではありませんが、ただ、

「今日はありがとうございました！」

とお礼の電話をしました。

３回目の来店のとき、お客様からの質問にお答えするうち、お客様が黙ってしまい、不安に駆られ、先輩に助言を求めると、

「もうお客さんは契約するつもりじゃないか？」

と言われ、恐る恐るお客様に
「ご契約されますか？」

と聞くと、お客様から
「はい、お願いします」

とあっさり返事をいただきました。ここから、うれしいやら、ほんとに大丈夫か？　という不安やら、何をしたらいいのかわからずパニックになってしまったのをよく覚えています。

　この後は先輩にお願いし、無事不動産営業として初契約をいただきました。初契約のお客様の引き渡しの後に、

「私みたいな新人で不安はなかったですか？」

とお客様に伺うと、

「大澤さんが新人なのは、最初に会った瞬間にわかりました。正直最初は不安でしたが、途中から『この人なら騙すようなことはしないだろう』って思いました。大澤さんでよかったですよ」

とおっしゃっていただきました。

　その当時は、不動産について本当に何も知らないなかでやっており、とにかく誠意だけは感じてもらおうと、それだけを考えていました。今、その当時から比べれば知識も経験も積み上がっているとは思いますが、お客様から信頼していただけるよう誠意をもって接することは、決して変わってはいけないものだと思っています。

不動産会社に勤めて、初めて接客したお客様が初成約になり、16年後初めて相続セミナーを開催したときも、第1回目の参加者からご相談を受けた案件が成約となり、私はとても運が良かったと思います。

入社して半年が経ち、営業成績も60人中6位まで順調に上がり、入社1年目ではトップの成績を上げられるようになったころ、会社が過剰な事業拡大のため経営が行き詰まり、本社と支店2店舗を残してすべて閉鎖することになりました。

副社長との面談があり、その面談後に怒鳴りながら机を蹴る先輩や、泣いている事務の女性もいました。私の面談の順番になり、

「君が大澤くんか、君は残れるよ。うれしいだろ。気に入らない奴いるか？　いたら俺が切ってやるよ」

と副社長が笑いながら話しました。『これがリストラなのか……』と、厳しい現実に直面しました。

1週間後、本店勤務になった私は、3年前の反響簿を渡され、追客するように指示されましたが、3年以上前の顧客名簿での追客はほぼ無理で、本店スタッフからの嫌がらせでした。店長からは、売り出し現場の草刈りを手でやるように指示され、平日はジャージで

会社に出社し、毎日毎日現場の草抜き。平日の夜と週末は3年前の反響簿から電話をかけ、お客様からの反響待機。ただ、実際には反響は私には回ってきませんでした。ひたすら現場の草抜きと清掃を続け、3年前の反響簿から電話をかけては「もう電話してくるな！」と怒鳴られる毎日に心が折れ、ほどなくこの会社を辞めることにしました。

その後、その土地分譲専門の不動産会社は倒産しました。私は、しばらくアルバイト生活をしていましたが、退職した人たちが集まって新たな会社を立ち上げた際に、そちらに誘われ、不動産業界に戻ることになりました。

その会社では、会社立ち上げから携わり、それまでほとんど使ったことのなかったパソコンで契約書や物件資料、書類、雛形、広告の作成まで、たくさんのことを経験させていただきました。宅地建物取引主任者（現取引士）の資格も取得し、ようやく一人前の仕事ができるようになりました。順調に仕事を覚え、5年ほど経ったころ、他社に勤めるある先輩から、

「お前は恵まれているよ、会社で広告うってくれて、反響もらって仕事ができる。俺の会社では広告出さないことになって、これからは自分でお客さんを探さなければならない。ほんとうにきついよ」

と聞かされ、もし、自分の会社が広告を出さなくなったら、自分はやっていけるのだろうか、自分だけの力で食べていける実力があるのだろうか、と不安になりました。一人でもやっていける力をつけなければいけない。お客様から「あなたにすべてまかせます」と言っていただけるような、何でもできる不動産のプロフェッショナルにならなければならない、と思いました。このとき初めて、漠然とではありますが、自分の目標のようなものを見つけた気がしたのを覚えています。

ちょうどそのころ、別の先輩から誘われて転職しました。この地域で賃貸、売買、開発、土地活用の企画提案など幅広く不動産の営業活動を行っている会社で、お話をいただいた時に即決しました。ここなら、不動産のプロフェッショナルになる勉強ができると思ったからです。

入社時に、土地活用の企画提案の業務をやらせてほしいと頼みましたが、結局、売買営業の部署に配属され、給与も前の会社よりかなりダウンしました。これでは転職した意味がないとも思いましたが、売買営業で結果を出せば、企画提案の部署に異動させてもらえるかもしれないと自分に言い聞かせ、とにかく不動産のプロになるための勉強と思い働きました。売買営業からのスタートでしたが、タイミングよく、すぐに土地開発の仕事にあたることができました。土地を仕入れて、測量士、造成業者、役所等と調整、打ち合わせを行い、宅地造成をして自分で販売する。当時は大変でしたが、やりがいがあってとても楽しかった思い出があります。

その後、賃貸、建設の部門の責任者を担当しました。今思えば、このころの経験はほんとうに貴重で、現在のコンサルティングの仕事にすべてが生かされていると思います。賃貸の部署に異動したころは、売買よりも扱う物件の金額も小さく、端から見ると仕事も楽そうで、賃貸営業を見下しているところがありましたが、やってみるとほんとうに大変です。業務は緻密で、入居者と家主とでは、対応にまったく違うスキルが必要ですし、設備の故障や不具合、大雨、地震など、何かあるとクレームや修理依頼の電話がひっきりなしにかかってきます。

賃貸営業の実務に接して初めてわかったことは、『賃貸部門は、契約してから新たな仕事が始まる』ということでした。売買営業では、ある意味、契約を締結することがゴールでしたが、賃貸営業、賃貸管理は契約してからが本当の仕事の始まりです。特に家主様との関係を構築していくことの大切さ、難しさは大変勉強になりました。

不動産のプロフェッショナルになることを目標として転職をし、一人前とはいえませんが、コンサルティング業務を行えるようになるのに、この会社に入社してから11年かかりました。今になって思えば、この11年間は自分にとって大変重要であり、また必要な時間だった気がします。幅広い業務に携わり、たくさんのお客様との出会いがあって今があると実感しています。それから約4年間、相続を中心とした公認　不動産コンサルティングマスターとして活動し、お客様から感謝の言葉もいただき、喜ばれる仕事にやりがいを感じました。

私が考えていた以上に、相続で悩んでいる方は多く、もう少し、ほんのちょっと対策をしていればこんなことにならなかったのに……という方もたくさん見てきました。今は1日3000人以上の方が亡くなっています。自ら命を断つ方以外、余命わずか、と言われている方ですら、まさか今日亡くなるとは思っていないでしょう。相続対策は元気なうちにとは言わず、気になった時から始める。自分たちの相続においては何が必要で、何が大切なのかを知っておく必要があります。

相続税だけでなく、家族がもめることなく引き継ぐことこそが大切だということを少しでも知っていただく機会として、今まで見てきたこと、経験したことを基に、相続全般のことをできる限りわかりやすく伝える相続のセミナーを始めました。初めは、緊張してうまく伝えられませんでしたが、開催していくうちに内容も充実し、気がつけば延べ100回を超えるセミナーとなりました。

平成28年には、この仕事を生涯の仕事としてやっていきたい、相続に悩む方々に寄り添い支えるパートナーでありたい、という思いから独立し、株式会社K－コンサルティングを千葉県柏市に設立いたしました。千葉県東葛地区の不動産オーナー様を中心に、相続と賃貸経営の勉強会を開催し、相続、賃貸経営のアドバイス、コンサルティングを行っております。

2 セミナー参加の意味

相続のご相談で、一番解決が難しいと感じるのが、「遺産分割」と「共有で不動産を相続したがどうしたらよいか？」です。

遺産分割は、法律で定められた方が、法律で定められた割合で相続することが決められております。その法定相続分は原則均等です。しかしながら、家族の中ではいろいろな考え方もあり、お子さんたちが生まれてから親が亡くなるまで、いろいろな経緯と過程があります。

相続はそういった今までのことも、ある意味清算することでもあります。相続税は所得税の補完的な意味があるそうですが、税金だけではなく、相続はその方の家族内での貸し借りなども清算することにもなります。

相続人である子どもたちは、兄弟間、親子間で幼いころからのいろいろな感情がありますす。親が元気なうちは口には出しませんが、親が高齢になり弱ってくると、子どもたちは、今までの思いや感情が表にでてきます。兄弟や親子間で不公平に感じていたこと、主に感情や金銭についてのことが多いようですが、これが相続が発生すると、一気に吹き出てきます。ここから遺産分割争いに発展していきます。

遺産分割争いや相続による不動産トラブルになっている方に共通点があります。相続対策を何もしてこなかったということです。明確な相続対策とまではいかなくても、ご家族での話し合いがあるだけでも違います。相続トラブルになっている方は一様に「こんなことになるとは思わなかった」とおっしゃいます。相続に対する知識、認識がなかったために起こった結果です。相続は必ず起こることです。ただし、相続を経験するのは、大半の人は一生に1~2回程度で、しかも、ある程度年齢を重ねてから初めて経験をします。年齢を重ねている分、今までの経験則から判断されることが多く、新たに「学ぶ」という認識が少ないこともあります。

また「相続」と聞くと、「税金」の話と思い「うちはそんなに資産はないから」と敬遠される方がいらっしゃいます。相続は税金だけではなく、財産が少しでもあれば、遺産分割等、必ず相続財産の移転があります。手続も含め知っておくことはたくさんあります。

私はみなさんに「相続のセミナーや勉強会に参加してください」とお勧めしています。なかには、相続対策としてアパートを建てさせることが目的などの無料セミナーもありますが、相続セミナーでは自分たちの「気づき」を得ていただくことが目的です。

自分たちの身内に、あるいは自分自身に相続が発生した場合、こんなことが起こるかもしれない、こんなトラブルがあるかもしれない、こんな手続が必要になる、自分たちはどんな準備をしておかなければならないのか、家族に伝えておかなければならないことは何なのか、など気づきが必ずあります。経験したことがないことを知るのは年齢に関係なく必要なことです。しかし、現実には年齢を重ねるほど、「思い込み」が強くなり、「自分たちは大丈夫」「うちは財産がないから相続は関係ない」と何もしない方も多いように思います。

また、相続税を支払う方たちも、以前は土地の値上がりを期待でき、売却した差額分で相続税を支払うことが可能でした。今は不動産の値上がりは瞬間的にはあっても、基本的には期待しにくく、地方などは多くの地域で値下がりが当たり前になっています。不動産を所有している方は、不動産を上手に活用するなど納税に備え、納税資金を確保できるよう相続発生前から対策を講じておかなければなりません。当然、対策については、その方のご家族構成、資産内容、そしてご本人、ご家族の考え方ですべて異なりケースバイケースです。自分たちにあった、自分たちに必要な対策を見つけていくためにも、相続セミナーなどに積極的に参加をしてみてはいかがでしょうか。

私が開催しているセミナーには、「相続勉強会」と「賃貸経営勉強会」があります。「相続勉強会」では、一般的な相続知識だけでなく、いろいろな事例などもご紹介しています。事例からは学ぶべきものもたくさんあり、参加された方も共感でき、自分に置き換えて考えやすい部分もあります。

「相続勉強会・入門編」では、相続税の納税があるかどうかにかかわらず、相続が発生すると、皆さんが経験する葬儀から遺産分割、登記までの一連の流れや手続についての話を中心に進めています。状況によっては相続放棄をする方もいるでしょう。しかし、相続放棄についてはは誤解されている方も多いようです。「自分は財産はいらない」と言って、遺産分割協議書で自分が相続する財産がないことに同意することを「相続放棄」したと誤解されていることです。遺産分割協議において、自分が財産を相続しないとしたとしても、そこに書かれていない財産や負債（借金）は法定相続分で相続することになります。すべての財産、負債はいらないという方は、自分たちで相続放棄を行えるように手続や注意点などもお話ししています。

遺産分割協議書の作成、遺産分割の手続も当事者自身で行うことも可能です。というよりも、できる限り、自分たちで行えるものは自分たちで行ったほうが良いというのが私の考えです。遺産分割は、当然当事者で決めることで、他人が決められるものではありません。相続人同士で全員が納得できるよう話し合いをする必要がありますが、その際にも、法律で定められていることを考慮しなければなりませんので、自分たちでもある程度の法律知識を知っておく必要があります。また、話し合いがまとまった後の遺産分割協議書の作成も、それほど難しいものではなく、自身で行っている方も多くいます。

相続の手続は、できる限り自分たちで行い、どうしてもわからないところは、専門家に依頼する。ただ、専門家に依頼するとしても、丸投げするのではなく、その専門家に対してチェックをし、どうしたらよいかを一緒に考えていくだけの知識は持っておくべきだと

図5-2

思います。

私の勉強会の中でもご紹介している事例ですが、Aさんが亡くなり、奥様と長男、次男が相続人として不動産を相続しました。配偶者控除があるから相続税上有利だ、と税理士からの勧めもあって、Aさんの不動産を奥様2分の1、長男4分の1、次男4分の1の共有で相続しました。ただ、相続税の節税と不動産を共有で相続することは全く違い、共有で相続することは、後々トラブルになる可能性が高くなります。私たちは、そのトラブルを多く見てきましたし、それによってご家族がバラバラになったことも見てきました。だから、相続のときの遺産分割協議は、誰がどの資産を相続するかだけでなく、相続後の資産活用方法によってどのように相続するかも、とても重要になってきます。節税や相続手続だけではなく、相続した不動産資産をどのように活用していくか、というところまでを考える専門家が少ないと考えています。相続資産の中でも価値や活用方法が最もわかりにくいのが不動産です。その不動産に詳しい人が相続に携わり、不動産の活用方法を提案していくことが重要だと考えます。

「入門編」ではその他に、遺言書についてもお話ししています。「遺言書は作成したほうがいい」ということは、いろいろなセミナーやメディアなどで言われていますが、実際に作成するとなるといろいろと大変です。遺言書を作成するにも、不動産資産は実際の価値がわかりにくく、どの基準で分けたらいいのか、一つしかない不動産はどうするのか、など遺言書を作成するまでに整理しなければならないことがたくさんあります。遺言書を書こうと決めた方でさえも、満足できるものを完成させるにはなかなか難しいものです。そういうことも踏まえ、必要な知識と事例などを交えて、わかりやすく解説しています。

「応用編」では、相続税の仕組みや計算の仕方、実際の相続対策事例、認知症の対策としての民事信託などもご紹介しています。私の勉強会では、各回、事例を多数紹介しており、なかでも不動産に関する事例は豊富です。

不動産資産は相続資産の中でも、

- **節税効果が高い**
- **分割しにくい**
- **換金しにくい**
- **相続評価と実際の価値がわかりにくい**

という特徴がありますが、そのなかでも、節税効果が高いことばかりが強調され、その後の遺産分割などを考慮せずに節税対策を行って、失敗している事例も数多くあります。

私が考える相続対策の基本は、『まず初めに遺産分割対策』『次に納税資金対策』『最後に節税対策』だと考えています。相続はできる限り家族内で話し合って進めていけることが理想です。たとえ、専門家に依頼しても、すべて丸投げするのではなく、専門家の説明を聞き、メリット、デメリットを理解し、相続対策、相続手続を進めていくことが必要だと思います。

相続は一生のうちに何度も経験するものではなく、ほとんどの方は、ある程度の年齢になって初めて経験することになります。だから、周囲の人も教えてくれませんし、知っている方も少ないので、自分から積極的に学んでいく必要があります。相続は知っている人が得をして、知らない人が損をするものです。相続によって、家族がバラバラになる家庭もあれば、相続によって、よりまとまっていく家族もあります。その違いは、相続を知っているか、知らないかによって生じてくると思います。相続のセミナーなどはいろいろなところで数多く開催されています。多くは、相続税節税を中心としたセミナーですが、相続は税金だけでなく、家族でもめないことが重要で、そのようなテーマのセミナーも開催されています。

いろいろなセミナーや勉強会に積極的に参加して、いざという時に備えておきましょう。

3 事例 1件の相続相談から21件の仕事に

一つの相続相談をきっかけで、相続した実家など身近な不動産で悩んでいるたくさんの人に出会った事例をご紹介します。

駐車場の経営をされていたSさんからの相談でした。

Sさんは奥様と自営業を営んでおり、長男、長女の4人家族。駅から徒歩10分程度、15台分の駐車場ですが、駅利用者の減少に伴い、最近は10台埋まるのがやっと。賃料を値下げするも満車にならず。そこで、「その駐車場に賃貸戸建てを建てませんか?」という管理会社からの再活用提案がありました。この提案にSさんは、

「駐車場の収益も悪くなる一方。賃貸物件を建てるのもいいかもしれない」

とご家族に相談しました。長男、長女も同じ意見で賛成ですが、奥様は猛反対。

「うちは借金して、賃貸経営をするような器じゃない！　身の丈にあった分で十分。そんなものはやる必要がない！」

というのが奥様の意見のようでした。

その時に、たまたま私のセミナーのチラシに眼を留めたSさんから相談があったのです。

立地などからみても、賃貸物件を建てるのは悪くないと思いましたが、奥様からお話しを伺うと、何か不安を感じているようでした。このS家では他にも不動産を複数所有しており、その大半の10ヶ所は住宅用の貸地として先代から賃貸しているとのことでした。詳しく伺うと、契約書がない、地代が相場に比べて安い、なかには固定資産税よりも安い地代で貸しているものもありました。地代は支払われているものの、空き家となり廃墟同然

の物件もある、また以前にトラブルになって何年も会っていない借地人もいる、とのことでした。

奥様は、

「うちにはこんなに問題を抱えた不動産があるのに放りっぱなしで、借金作って賃貸物件建てるよりも今やることがあるでしょ。こんな資産を相続する身にもなってよ。子どもたちにまで苦労をかける。お父さん（Sさん）の親戚もいて、私達ではどうにもならないんだから！」

と涙を浮かべていました。Sさんも、

「やらなければならないのは、わかってはいるけど、どうしたらいいかわからない。先代から長く付き合っている人たちもいて俺にもよくわからない」

とのことでした。

私は賃貸物件の建設は保留にし、先に今貸している土地の整理を優先すること、貸地整理のコンサルティングとして私自身が対応することを提案しました。相続資産においては不動産の占める割合が高く、不動産のトラブルを解決しておくのも大切な相続対策であり、不動産の専門家が相続コンサルティングを行うことの有益性を話すと、Sさんと奥様は安心された様子で、後日、コンサルティング契約を締結しました。

貸地の整理にあたり、まずは、借地人の方々に挨拶を兼ねてお手紙を出しました。経験上、不動産業者から地主さんの代理人として借地人へ連絡をすると、ほとんどが門前払いになります。借地人からすると、地主さんからの話は地代の値上げか、「出ていってくれ」と言われるか、ほぼこのどちらかだからです。借地人側も言いたいこと、聞きたいことがあるはずです。重要なのは借地人の方々と直接会ってお話を伺うことだと考えました。

そこで私は、地主さんも高齢になり、S様からの依頼で相続対策のお手伝いをしていること、その相続対策の一環として借地人の方々との契約内容を明確にして、お互い次の世代に移行した時にトラブルにならないよう契約書面などを作成すること、そのために会って話を聞きたいという文面を作成し、借地人の方々にお送りしました。

すぐに、借地人の一人Tさんから「書類が届いたけど、あなたが相続の専門家の方なら、私はいつでもいいので都合を知らせてください」と連絡がありました。正直なところ、借地人の方から連絡がくるのは意外でした。調べてみると、このTさんは契約書もあり、地代も適正で、来年がちょうど更新時期でした。住まいは別に所有し、借地には古い建物が建っていますが、誰も住んでいないようでした。『この物件について何かしらトラブルを抱えているかもしれない』、と感じました。

お会いしてお話しを伺うと、数年前に父親が亡くなり、この物件も相続したとのこと。「亡父がこの土地を借りて、賃貸用の建物を建てて貸していた。長く借りていた人が退去して空き家になったところ、近所の人に物置として短期の約束で無料で貸したが、もう1年ぐらいになる。賃料をもらったほうがいいか、返してもらったほうがいいか、借地の更新もあるので、迷っていたところでした」

とのこと。この土地を今後どうしたいかと尋ねると、

「建物も古く、賃料もわずかであるし、建て替えても需要があるかどうかもわからない。需要がないなら土地を返してもいい」

との意向でした。

周辺の賃貸ニーズおよび建替費用の検証を提案したところ、依頼を受けることとなりました。さらに詳細に話しを伺うと、Tさんはほかにも複数のアパートを所有していて、それらのアパート収入で生計を立てているが、築30年を超え、空室も多く、今後について悩んでいました。借地の建替えだけでなく、アパート経営全体についても考慮し、まず空室

の特に多いアパート一棟を売却し、売却した資金を元に立地の良いアパートの建替えを行い、借地は返還する、という提案をしました。Tさんは、

「現状の収入を減らしたくない。今のアパートは空室もあるが、ある程度収入にはなるので、借地のところに新たにアパートを建ててはどうだろう？」

との意見で、借地の賃貸を継続するか、価格によっては土地を買い取るかの方向で、数ヶ月後のこの土地の賃貸借契約の更新時期に改めてどうするかを検討することになりました。

Tさんには他にも都内に空き家になっている不動産がありました。父親から相続し、使用していたTさんの兄が亡くなってから空き家となったこと。以前に購入希望者がいたが、値上がりを期待して売らなかったが、しかし、今は管理もできず、荒れてしまい価格も下がってしまったので、アパート建築をしようと、ある建築会社と契約をしたとのことでした。

念のため、アパートの事業計画書を見てびっくりしました。35年間の事業計画書で収入賃料は、新築時から35年経過しても変わらず、メンテナンスに関する経費はほとんど考慮されていません。見積書の金額も軽量鉄骨造にしては高額で、仕様などは説明されていな

いそうで、事業計画書も見積書も最初の1回のみ。それから何回か営業担当がきて概算の見積書のまま、手付金100万円で契約したとのことです。

先日現地の測量が終わり、その成果が送られてきたそうですが、Tさんも契約したことを後悔していましたので、賃貸マーケットや今後の事業計画などをTさんのご家族とも再度検討しましたが、やはり事業計画のとおりには難しいようでした。ご家族からは、借入れをして、自宅から遠い都内の物件よりも近くにあるほうがいいのではないかという意見もあり、結果的には、計画中のアパート建築を解約し、その土地は売却する、その売却代金を所有アパートの改築や建替えの資金にあてることにしました。

建築会社の事業計画の甘さや、説明不足はありますが、最終的にはTさん自身が意思表示をし、契約を締結したものです。相手は有名な大手ハウスメーカーで、簡単には解約に応じてもらえず、紆余曲折の後、手付金を放棄することで合意解約になりました。

その後、その空き家と土地は売却しました。亡父がこの不動産を購入したときはバブルで契約書も残っており、譲渡税がかからなかったことも売却を決めた理由です。

並行して対応していたTさんの借地も、更新の時期が近づいてきたころ、Tさんから借地を買い取りたいとの要望があり、貸主である所有者Sさんに伝えると、Sさんとしても、貸地を奥様や子どもたちに相続させるよりも、できる限り自分の代で負担の少ない内容にしておきたいという考えもありましたので、底地を売買することになりました。結果的に、Tさんは底地を購入し、そこにアパートを新たに建築することで収入アップを図ったうえで、今後古くなったアパートの建替計画を立てていくことになりました。

ひと段落したころ、私はTさんに、

「Tさんからお電話いただいて正直驚きました。たいていこのような場合は、拒否されることが多いので」

とお話しすると、Tさんは、

「最初にもらった手紙に大澤さんは不動産相続の専門家とあり、私のところも相続が終わり、相続した不動産をどうしようかと思っていたところでした」

と話されました。

Tさんへの貸地のほかにSさんが最も懸念していた貸地があります。先々代の相続の時に、遺産分割でトラブルになり、Sさんのお父様と裁判で争ったSさんの叔母（お父さんの妹）名義での建物が建っている貸地でした。この土地は、当初叔母がご主人と自宅兼工場として賃借しており、自宅部分の土地は相続の後に叔母に売却しましたが、工場部分は賃貸借のままでした。登記上賃借権も設定されており、裁判で争ったが、裁判中に叔母が亡くなりそのままになっている。今の借地人の方とは会ったことがなく、地代も安く固定資産税を払うと赤字であるが、今更、条件変更の話もしづらく、本当に困っている状況でした。

元々は自宅と工場の敷地として利用していましたが、自宅部分を借地人に売却したことによって、残りの工場部分の土地の固定資産税が住宅用地の軽減の特例を受けられなくなり、固定資産税がより高くなっていました。

借地人である叔母を訪ねると、Sさんの叔母は亡くなり、その息子さんも亡くなり、今、使用しているのは息子さんの奥様Oさんで、その工場の代表として事業も継続していました。Oさんに話を伺うと、

「地主さんとは会ったことがなく、以前にトラブルになったことは知っています。地代が安いこともわかっていますが、どうしたらいいのかわからずそのままになっています。事業はまだ継続しているし、しばらくはこのままで続けていきたい」

とのことで、今後も継続するための方法を検討することになりました。

現在の地代や契約書もない状況では、地主さんは当然快く思っておらず、この土地で継続していくためには、地代や契約書について改善をしていく必要があると考えました。

まず、Oさんに、「賃貸借を継続していくか、あるいは底地を購入するか」という意思を確認したところ、ご自身は地主さんとの縁もなく、これから先も借地を続けていくよりは金額によっては購入したいという意向がありました。地主のSさんも、

「あの土地はいろいろあったから、お互い妥当な金額であればこれを機に手放してもいい」

ということで、私のほうで借地権分を控除した土地の査定を行い、Sさんの承諾を得てOさんに提案しました。結果的に、Oさんは借入れをして、底地の売買契約を締結しました。

取引が無事終了したのち、今度はOさんから、

「実は私の実家でも弟が跡を継いでいますが、ある程度は私も相続しますが、不動産をどう分けたらいいのかわからず、遺産分割が終わらず困っています」

と相談を受けました。不動産の遺産分割が進まないのは、相続人の方々がその不動産の価値をよく理解していないことが原因になっている場合が多くあります。その不動産の実際の価値がわかれば、分割の話し合いがしやすくなることがあります。

今回のOさんのケースもそうでした。相続不動産を調べてみると、自宅と自宅近くの畑、県道沿いの地形の悪い土地、すべてが市街化調整区域内にありました。詳細を伺うと、

「自宅は弟が相続することに決まっています。私が『自宅近くの畑がほしい』と言ったら、弟が『畑は将来自分が使うかもしれないので、県道沿いの土地をあげる』と言われ、まとまらなくなりました」

とのことです。なぜ自宅の近くの畑がほしいのかと尋ねると、

「県道沿いの土地は地形が悪く建物が建てられません。自宅の近くの畑は周囲も建物があるし、道路は狭いが角地なので価値がありそうだから……」

とのお答えでした。私が、

「この畑の周りに建物はありますが、今はこの土地に原則建物は建てられません。今建っているのは以前に『既存宅地』という制度があり、市街化調整区域でも線引以前から建物が建っていた土地には建物が建てられるというものでしたが、今はこの制度は廃止されました。上下水道もなく、これはほとんど利用価値がありません。それよりは、地形は悪いですが県道沿いの土地のほうが上下水道も利用ができ、事業用で建物が建てられる可能性がありますので、利用価値が高いと思います」

と説明すると、Oさんは驚いていました。最終的に、Oさんと弟さんで話し合い、自宅近くの畑は弟さんが、県道沿いの土地はOさんが相続することにまとまりました。

実際の不動産の価値がわかってその不動産を今後どうするのかが決まると、遺産分割の話し合いはスムーズになることがあります。私たち、相続対策専門士は、お客様に不動産の価値と今後の活用方法をご提案できることが最大の特長だと思います。

Sさんの貸地のうち別の借地人で、固定資産税とほぼ同等の地代しか払っていないNさんがいました。SさんとNさんとは親戚関係でしたが、Nさんが亡くなり、今は奥様が住んでいます。親戚だったので安い地代で貸していたが、本当は地代を上げてもらいたいとのことでした。Nさんの奥様に連絡をしたところ、かなり警戒されている様子で、

「地代が安いのはわかっているが、値上げされても困る」

ということでした。私は、

「今までのこともありますから、急な値上げは当然厳しいと思います。ただ、ある程度は他の借地人の方と合わせていかなければならないところもあります。今は固定資産税と同等ですが、過去固定資産税が高かったころは、地主さんは赤字で持ち出しの状況でした。

図5-3

このあたりのところもご理解ください」とSさんの現状を話し、その後何度かの話し合いで地代を急に上げるのではなく、段階的に上げていくご提案をし、両者が納得できるかたちになりました。

何度かお会いしているうちに、Nさんの奥様の実家でも相続があり、「実家近くの土地を相続したが、その土地をどうしたらいいか困っている」との話を伺いました。数年前に地元の不動産業者に土地の売却を依頼したがなんの連絡もなくそのままになっているとのことでした。周辺が住宅地の比較的大きな土地でしたので、「2分割して売却したほうがよい」と提案しました。以前に売却を依頼した地元の不動産業者は一括で販売していたようですが、分割、一括両方での販売を行い、結果、分割して2組の買い手がつき、売却することができました。

売却することで、譲渡税と次年度国民健康保険もかかりますので、売却代金のうち、その分は手を付けずに、故障がちの自家用車の買い替え資金と、老後のゆとり資金として貯蓄してもらうことにしました。Nさんの奥様自身も高齢で、相続のことも考えておく必要があり、相続税はかからない範囲でしたが、自宅と現金で遺産分割をしやすくしておくことも提案しました。譲渡税の申告も税理士さんをご紹介し、Nさんの奥様からは、

「ここまでやってくれるとほんとに助かります」

と喜んでいただきました。

Sさんの話に戻りましょう。10件の貸地の中に、現在空き家でまったく手入れもされず、Sさんにご近所からクレームが来ていて困っているという貸地があります。借地人Eさんが借りている土地です。地代は振り込まれているものの、現地を確認すると、庭は荒れ放題で外から建物が見えないほどになっています。

借主Eさんはどこに住んでいるのかわからないそうで、まず、借地人の居所を調査する

ことにしました。近隣を尋ね歩いたところ、やっとEさんの居所がわかり、何度か手紙を送りましたが、連絡は全くありません。そこで、隣県でしたが、直接伺うことにし、何度か訪問するも不在で、その度に手紙を置いてきました。何度目かの訪問の後、Eさんから電話がありました。とても上品な感じの女性の方でした。

「お手紙が入っていましたが、見たことがない封筒だったので一切開けて見ませんでした。でも、何度もあるので開けてみたら借地のことだったので、連絡しました。私もあの土地はどうしたらいいか困っていまして」

とのことで、改めてお会いすると、ご主人が他界されてからは奥様一人で住んでいたが、数年前の東日本大震災の影響で壁に亀裂がはいり、子どもたちが心配して、今は長男の家の近くに住んでいるとのことでした。しばらくしたら自宅に戻るつもりだったが、年齢的にも引っ越しもできず、でも片付けもできず、どうしたらいいか悩んでいたそうです。

　Eさんは高齢で話し合いの窓口は息子さんに担当していただき、息子さんの意向としては借地を返したいとのことでした。無償で土地を返還することもできますが、Sさんに Eさんの意向を伝え、本来借地権は売却することもできる権利ですから、貸主Sさんが借地人Eさんに立退き料を支払い、Eさんは建物を解体し更地で返還することで両者納得していただきました。

息子さんもお仕事をしながらですので、なかなか大変そうでした。まずは荷物の整理から入り、リサイクル業者、産廃業者を手配し、建物の解体が終わったときはSさん、Eさんだけでなく、近隣の方々からも大変喜ばれました。改めて、空き家解消の重要性を感じました。

現在、空き家は大きな社会問題となりつつあります。空き家は、所有者自身はなんとかしなければならないと思い、近隣や関係者の方々もなんとかしてほしいと思っています。しかし、その時に誰に、どのように相談したらいいのかわからず、そのままになっていることが多いのではないでしょうか。ここにも私たち、不動産のプロが相続に関わっていくことの必要性を感じます。

さてSさんには、Eさんから返却された土地活用としてとりあえず駐車場として貸し出すことを提案しました。賃貸物件を建築する方法もありましたが、Sさんから初めに相談を受けていた駐車場に戸建賃貸の建設を再提案しており、そちらを進めることがほぼ決定していたからです。

Sさんは、建物を建設して賃貸事業をするのは初めてで、まずはこの戸建賃貸物件の収益安定が実感でき、Sさん家族が安心してからのほうがよいと判断し、できるかぎり、投資とリスクを小さくした活用方法を考え、Eさんから返却された土地はとりあえず駐車場として貸し出すことにしたのです。

結果的には、Sさんの「貸地整理」から「土地活用」「借地人の方々の不動産活用」まで合計21件の案件になりました。Sさんの将来的な相続発生後の遺産分割の方法も提案中で、遺言書の作成もサポートしています。また、借地人の方々も同じく高齢で、やはり相続に関するご相談も入ってきており、まだまだこれから新たな展開も予想されます。

今回のSさんの件では、決して特別な手法を用いた相続対策ではありません。Sさんの悩みごとを聞き、Sさんと家族が安心できるよう、Sさんの代で解決しておくことが大切だと考え、貸地整理を優先しました。最終的に遺言書作成のサポートもし、相続でもめないようにするという目的は達することができたと思います。Sさん、Sさんのご家族、そして今回関わった借地人の方々から、

「こういうことを解決してくれる人がいるとは思わなかった。おかげで安心しました」

と大変感謝され、喜ばれました。

Sさんに貸地整理を提案したものの、内心では『手間がかかって、割に合わない』と思いました。取りかかると案の定、訪問回数も多く、時間と労力を費やし、大変な案件でした。しかし終えてみると、「大変だからご本人たちではできないし、やろうとしない。当然周囲も誰もやる人がいない」『だから、自分がやる意味があった』と感じました。お客様に喜ばれ、感謝されることが自分のやりがいであるということに気づかされました。

今回のSさんとその借地人の方々のケースを通して、相続に関して困っている人はたくさんいることを実感しました。私が考える不動産コンサルティングとは『不動産を用いてお客様の困りごとを解決し、お客様の最大利益を追求すること』と考えています。ここでいう「最大利益」とは、相続税を抑えることだけではありません。『お客様の想いを伝え』、『幸せを絆《つな》ぐ』ことも大きな利益であると考えます。

最後に、私の肩書に入れている「幸せを絆《つな》ぐ」は、「私が何のために不動産相続のコンサルティングをしているのか」を忘れないために付けたものです。

お客様の「幸せを絆《つな》ぐ」ために、私は生涯この仕事を続けていきます。

エピローグ

我々、公認　不動産コンサルティングマスター相続対策専門士がお手伝いさせていただいている相続対策とは、家族の財産を『戦略的』に次世代へ継承していくことです。

戦略的に……、といえば、多くの方は「意図的戦略」を考えます。

意図的戦略とは、机上で考える戦略で、客観的データーや事例をもとに分析思考し、「こうしたほうが良い」という戦略を導きだし、トップダウンで実行していくことです。

しかし、専門家が、意図的戦略を立案したとしても、依頼者が承諾しないことや、実行したとしても、依頼者がその内容に不満を持つことがあります。そのようなときに、専門家の方たちは口をそろえて「理解できない」「もったいない」「素人には理解できないのだ」等憤ります。

しかし、そのようなケースは、意図的戦略と言いながら、その「意図」が、各専門家の

「意図」になっており、依頼者の「意図」とかけ離れてしまっているのです。

原理原則、依頼者の意図で考えるべき戦略が、専門家や販売会社が提案すると、その者たちの都合や思い込み、知識、理屈、前例等を基軸とした意図となってしまうときがあります。特に多いのが「節税」「損得」「建築」を軸とした戦略です。

私は相続対策をお手伝いしているときに、人生の終焉を意識し始めた依頼者が、金銭の損得だけで本当に判断するのか、最後の最後は自分の感情や思いを最優先にするのではないか、と感じるときがあります。

「あの世までお金は持って行けないからね」

この言葉を聞くたびにそのように思います。確かに、節税を考える人たちも多くいますが、その背景には、金銭の損得ではなく、「相続人がお金に苦労しないように」という想いが軸となっているのだと感じます。

公認　不動産コンサルティングマスター相談対策専門士の仲間が、平成28年7月に亡くなりました。

がんという病にたち向かいながら、自分自身と向かい合い、揺れ動く感情と日々必死に戦いながら、家族と仲間に向けた感謝の気持ちをＳＮＳで発信し続けていました。

もし、自分が自身の終焉を前に考えるとしたら……。

この答えは、とてもシビアな現実と直面します。なぜならば、自分自身の人生観がはっきりと示されるからです。

自分の「観」とは？　依頼者の「観」とは？　本当に大切にしたいものは何か？

意図的戦略の対義語として、「創発的戦略」という戦略があります。

これは、実行現場の状況からボトムアップ的に立てられる戦略で、状況に応じて柔軟に手法を変更し、時には戦略そのものを変更していきます。

しかし、どれだけ手法や戦略そのものを変更したとしても、軸となるものは変更できません。軸を変更すると、「なんでもあり」となって、纏まりがつかなくなるからです。

この軸は、企業経営でいえば、「経営理念」や「経営方針」等であり、前記の「観」となります。

依頼者がどのような終焉を迎え、相続人にどのように自分の「思い」や「想い」を伝えていきたいのか、その答えは千差万別です。「観」から湧き出る想いを具体化、可視化させ、手法を選定し、そして実行していくことが、我々公認　不動産コンサルティングマスター相続対策専門士の仕事です。

極端に言えば、依頼者が心から求めるのであれば、節税や投資効率を無視した対策であっても、実行させていくことができるということです。それでなければ、『１００％依頼者の立場に立ち、考えに考えた最適提案』をすることができないからです。

この、『１００％依頼者の立場に立ち、考えに考えた最適提案』は、公認　不動産コンサルティングマスター相続対策専門士研修の最初の講座で教えられる、原理原則です。

そして、何よりも重要なのは、実行していくことです。コンサルタントと名乗る方の中には、実際に実行しない方も多くいます。いわゆる評論家的なコンサルタントです。実は、手法を考えるのはある程度の知識と経験があれば誰でもできます。

しかし、実行するときの手間や時間そして人間同士の感情の縺れを考えているためか、第三者や依頼者に実行責任を負わせる者も少なからずいます。

相続に関していえば、依頼者は全くの素人です。弁護士法や税理士法に抵触する等、違法行為は論外ですが、本来は計画立案者が、実行責任までも負わなければなりません。

話は変わりますが、昨今、渋沢栄一が提唱していた「合本（がっぽん）主義」が見直されています。ライバルである岩崎弥太郎が「商業主義」として「富や権限は一人に集中すべき」と考えたのに対し、渋沢栄一は「多くの人の意見を結集すべき」と唱えました。個人の利益か公益か。

不動産は、他の財産と異なり、個の財産であっても、公益性が高い財産です。国家規模でみれば、土地は領土であり領土の有効活用が国益につながります。また、建物においても、新築至上主義から、リフォーム・リノベーション（コンバージョン）といった言葉の浸透と同時に、既存建物を有効に長く使う意識が定着しつつあります。

空き家問題や民泊問題は、不動産が国家資本の重要な財産であることを十分に示す問題です。

個人で所有する不動産が有効に活用されることが、公益につながり、その結果、国民に還元される。このことを理解している地主さんは、単なる土地活用でなく、地域社会に貢献できる活用方法を求めており、公益性を保ちながら個の利益も追及します。

逆に、地域貢献できなければ、自分たちの「個」の財産が守られないことを知っているのです。だからこそ、節税指南や建築営業にとらわれない、公平なコンサルティングを、不動産業者である公認　不動産コンサルティングマスター相続対策専門士が担う必要があるのです。

公益的な視点と個人的な視点、その両方を問われるコンサルタントは、最も難易度が高く、もちろん、自己の都合などは最後の最後どころか、一旦忘れて考え抜き、走りださなければなりません。しかし、とことん考え抜いた結論は、自己の利益にも結果的に繋がることが多くあります。

このような、考え方は大企業では対応できません。大企業では、自己の都合が優先され、その都合が計画的に明示されなければ対応できないからです。

しかし、中小企業のコンサルタントは、経営者自ら業務を執行します。だからこそ、依頼者の都合を優先して考えられるのではないでしょうか。

最後に、我々が公認　不動産コンサルティングマスター相続対策専門士としてお客様のお手伝いをさせていただいているのも、不動産業者の能力向上の為に様々な研修や仕組みを作っていただいている公益財団法人 不動産流通推進センターの皆様、そして、永き時間にわたり公認　不動産コンサルティングマスターの社会的な地位確立のためにご尽力いただいている、全国不動産コンサルティング協議会の理事の皆様をはじめとした諸先輩方の努力のおかげです。

その皆様へ恩返しすることができるよう、公認　不動産コンサルティングマスター相続対策士として、一人でも多くの不動産に悩める方々に笑顔になっていただくことが、我々の最高の喜びです。

平成29年10月吉日

5人の公認　不動産コンサルティングマスター相続対策専門士

相続コンサルの奥義

2017年11月15日　初版発行

著　者　５人の相続対策専門士
発行人　今井　修
印　刷　モリモト印刷株式会社
発行所　プラチナ出版株式会社
〒104-0061　東京都中央区銀座１丁目13-1
ヒューリック銀座一丁目ビル７Ｆ
TEL 03-3561-0200　FAX 03-3562-8821
http://www.platinum-pub.co.jp

ISBN978-4-909357-02-1